Benjamin | Passagen, Durchgänge, Übergänge

[Was bedeutet das alles?]

Walter Benjamin

Passagen, Durchgänge, Übergänge

Eine Auswahl

Herausgegeben von Johanna Sprondel

Reclam

3. Auflage

RECLAMS UNIVERSAL-BIBLIOTHEK Nr. 14046
2020 Philipp Reclam jun. Verlag GmbH,
Siemensstraße 32, 71254 Ditzingen
Gestaltung: Cornelia Feyll, Friedrich Forssman
Druck und Bindung: Esser printSolutions GmbH,
Untere Sonnenstraße 5, 84030 Ergolding
Printed in Germany 2024
RECLAM, UNIVERSAL-BIBLIOTHEK und
RECLAMS UNIVERSAL-BIBLIOTHEK sind eingetragene Marken der Philipp Reclam jun. GmbH & Co. KG, Stuttgart
ISBN 978-3-15-014046-8

www.reclam.de

Inhalt

Passagen, Durchgänge, Übergänge. Eine Auswahl

Fluchtlinien 1

Die Geschichte ist Gegenstand einer Konstruktion, deren Ort nicht die homogene und leere Zeit sondern die von Jetztzeit erfüllte bildet. So war für Robespierre das antike Rom eine mit Jetztzeit geladene Vergangenheit, die er aus dem Kontinuum der Geschichte heraussprengte. Die französische Revolution verstand sich als ein wiedergekehrtes Rom. Sie zitierte das alte Rom genau so wie die Mode eine vergangene Tracht zitiert. Die Mode hat die Witterung für das Aktuelle, wo immer es sich im Dickicht des Einst bewegt. Sie ist der Tigersprung ins Vergangene. Nur findet er in einer Arena statt, in der die herrschende Klasse kommandiert.

Die erste Etappe dieses Weges wird sein, das Prinzip der Montage in die Geschichte zu übernehmen. Also die großen Konstruktionen aus kleinsten, scharf und schneidend konfektionierten Baugliedern zu errichten. Ja in der Analyse des kleinen Einzelmoments den Kristall des Totalgeschehens zu entdecken. Also mit dem historischen Vulgärnaturalismus zu brechen. Die Konstruktion der Geschichte als solche zu erfassen. In Kommentarstruktur.

Methode dieser Arbeit: literarische Montage. Ich habe nichts zu sagen. Nur zu zeigen. Ich werde nichts Wertvolles entwenden und mir keine geistvollen Formulierungen aneignen. Aber die Lumpen, den Abfall: die will ich nicht inventarisieren[2] sondern sie auf die einzig mögliche Weise zu ihrem Rechte kommen lassen: sie verwenden.

Und all die Orte von Paris, die hier auftauchen, sind Stellen, an denen das, was zwischen diesen Menschen ist, sich wie eine Drehtür bewegt.

Paris, die Hauptstadt des XIX. Jahrhunderts

»Die Wasser sind blau und die Gewächse sind rosa;
der Abend ist süß anzuschauen;
Man geht spazieren. Die großen Damen gehen spazieren;
hinter ihnen ergehen sich kleine Damen.«

Nguyen-Trong-Hiep: Paris capitale de la France. Recueil de vers, Hanoi 1897. Poésie XXV.

I. Fourier oder die Passagen

»De ces palais les colonnes magiques
A l'amateur montrent de toutes parts,
Dans les objets qu'étalent leurs portiques,
Que l'industrie est rivale des arts.«[1]
Nouveaux tableaux de Paris. Paris 1828. I, p. 27.

Die Mehrzahl der pariser Passagen entsteht in den anderthalb Jahrzehnten nach 1822. Die erste Bedingung ihres Aufkommens ist die Hochkonjunktur des Textilhandels. Die magasins de nouveautés[2], die ersten Etablissements, die größere Warenlager im Hause unterhalten, beginnen sich zu zeigen. Sie sind die Vorläufer der Warenhäuser.

Wenn die Passage die klassische Form des Interieurs ist, als das die Straße sich dem Flaneur[3] darstellt, so ist dessen Verfallsform das Warenhaus. Das Warenhaus ist der letzte Strich des Flaneurs. War ihm anfangs die Straße zum Interieur geworden, so wurde ihm dieses Interieur nun zur Straße, und er irrte durchs Labyrinth der Ware wie vordem durch das städtische.

Was in den Passagen verkauft wird, sind Andenken. Das »Andenken« ist die Form der Ware in den Passagen. Man kauft immer nur Andenken an die und die Passage. Entstehung der Andenkenindustrie.

Es war die Zeit, von der Balzac[4] schrieb: »Le grand poème de l'étalage chante ses strophes de couleurs depuis la Madeleine jusqu'à la porte Saint-Denis[5].« Die Passagen sind ein Zentrum des Handels in Luxuswaren. In ihrer Ausstattung tritt die Kunst in den Dienst des Kaufmanns. Die Zeitgenossen werden nicht müde, sie zu bewundern. Noch lange bleiben sie ein Anziehungspunkt für die Fremden. Ein »Illustrierter Pariser Führer« sagt: »Diese Passagen, eine neuere Erfindung des industriellen Luxus, sind glasgedeckte, marmorgetäfelte Gänge durch ganze Häusermassen, deren Besitzer sich zu solchen Spekulationen vereinigt haben. Zu beiden Seiten dieser Gänge, die ihr Licht von oben erhalten, laufen die elegantesten Warenläden hin, so daß eine solche Passage eine Stadt, ja eine Welt im kleinen ist.« Die Passagen sind der Schauplatz der ersten Gasbeleuchtung.

Das erhöhte die Sicherheit in der Stadt; es machte die Menge auf offener Straße auch des Nachts bei sich selber heimisch; es verdrängte den Sternenhimmel aus dem Bilde der großen Stadt zuverlässiger als das durch ihre hohen Häuser geschah. »Ich ziehe den Vorhang hinter der Sonne zu; nun ist sie zu Bett gebracht wie es sich gehört; ich sehe fortan kein anderes Licht als das der Gasflamme.« [...] Mond und Sterne sind nicht mehr erwähnenswert.

Solange in ihr die Gas- ja die Öllampen gebrannt haben, waren sie Feenpaläste. Aber wenn wir auf dem Höhepunkt ihres Zaubers sie denken wollen, so stellen wir die Passage des Panoramas uns 1870 vor, als sie: auf der einen Seite hing das Gaslicht, auf der andern flackerten noch die Öllampen. Der Niedergang beginnt mit der elektrischen Beleuchtung. Aber ein Niedergang war es im Grunde nicht, sondern genau genommen ein Umschlag. Wie Meuterer nach tagelanger Verschwörung einen befestigten Platz sich zu eigen machen, so riß mit einem Handstreich die Ware die Herrschaft über die Passagen an sich. Nun erst kam die Epoche der Firmen und Ziffern. Der innere Glanz der Passagen erlosch mit dem Aufflammen der elektrischen Lichter und verzog sich in ihre Namen. Aber nun wurde ihr Name wie ein Filter, der nur das innerste, die bittere Essenz des Gewesnen hindurchließ.

Die zweite Bedingung des Entstehens der Passagen bilden die Anfänge des Eisenbaus. Das Empire sah in dieser Technik einen Beitrag zur Erneuerung der Baukunst im altgriechischen Sinne.

Es geht aber mit den Erfahrungen der Menschheit – und die Antike ist eine Menschheitserfahrung – nicht anders wie mit denen des einzelnen. Ihr Formgesetz ist ein Gesetz der Schrumpfung, ihr Lakonismus nicht der des Scharfsinns sondern der eingezogenen Trockenheit alter Früchte [...].

Der Architekturtheoretiker Boetticher[6] spricht die allgemeine Überzeugung aus, wenn er sagt, daß »hinsichtlich der Kunstformen des neuen Systemes das Formenprinzip der hellenischen Weise« in kraft treten müsse. Das Empire ist der Stil des revolutionären Terrorismus, dem der Staat Selbstzweck ist. So wenig Napoleon die funktionelle Natur des Staates als Herrschaftsinstrument der Bürgerklasse erkannte, so wenig erkannten die Baumeister seiner Zeit die funktionelle Natur des Eisens, mit dem das konstruktive Prinzip seine Herrschaft in der Architektur antritt. Diese Baumeister bilden Träger der pompejanischen Säule, Fabriken den Wohnhäusern nach, wie später die ersten Bahnhöfe an Chalets[7] sich anlehnen. »Die Konstruktion nimmt die Rolle des Unterbewußtsein ein.«

Merkantilismus[8], Antike und mystisches Naturexperiment: Vollendung des Staates durch das Geldwesen, der Kunst durch die Antike, der Natur durch das Experiment sind die Signatur der Epoche [...].

Die Moderne hat die Antike wie einen Alb[9], der im Schlaf über sie gekommen ist.

Nichtsdestoweniger beginnt der Begriff des Ingenieurs, der aus den Revolutionskriegen stammt, sich durchzusetzen, und die Kämpfe zwischen Konstrukteur und Dekorateur, Ecole Polytechnique[10] und Ecole des Beaux-Arts[11] beginnen.

Durch die Ecole des Beaux-Arts wird die Architektur zu den bildenden Künsten geschlagen. »Das wurde ihr Unheil. Im Barock war diese Einheit vollendet und selbstverständlich gewesen. Im Verlauf des 19. Jahrhunderts aber zwiespältig und falsch geworden.« [...][12] Das gibt nicht nur eine sehr wichtige Perspektive auf das Barock, das zeigt zugleich, daß die Architektur am frühesten dem Begriffe der Kunst historisch entwachsen ist, oder besser gesagt, daß sie am wenigsten die Betrachtung als »Kunst« vertrug, die das 19te Jahrhundert, im Grunde mit nicht viel größerer Berechtigung in einem vordem ungeahnten Maße den Erzeugnissen geistiger Produktivität aufgezwungen hat.

Erstmals in der Geschichte der Architektur tritt mit dem Eisen ein künstlicher Baustoff auf. Er unterliegt einer Entwicklung, deren Tempo sich im Laufe des Jahrhunderts beschleunigt. Sie erhält den entscheidenden Anstoß als sich herausstellt, daß die Lokomotive, mit der man seit Ende der zwanziger Jahre Versuche anstellte, nur auf eisernen Schienen verwendbar ist. Die Schiene wird der erste montierbare Eisenteil, die Vorgängerin des Trägers. Man vermeidet das Eisen bei Wohnbauten und verwendet es bei Passagen, Ausstellungshallen, Bahnhöfen – Bauten, die transitorischen[13] Zwecken dienen. Gleichzeitig erweitert sich das architektonische Anwendungsgebiet des Glases. Die gesellschaftlichen Voraussetzungen für seine gesteigerte Verwendung als Baustoff finden sich aber erst hundert Jahre später. Noch in der »Glasarchitektur« von Scheerbart[14] (1914) tritt sie in den Zusammenhängen der Utopie auf.

Scheerbart [...] legt darauf den größten Wert, seine Leute – und nach deren Vorbilde seine Mitbürger – in standesgemäßen Quartieren unterzubringen: in verschiebbaren beweglichen Glashäusern wie Loos[15] und Le Corbusier[16] sie inzwischen aufführten. Glas ist nicht umsonst ein so hartes und glattes Material, an dem sich nichts festsetzt. Auch ein kaltes und nüchternes. Die Dinge aus Glas haben keine »Aura«[17]. Das Glas ist überhaupt der Feind des Geheimnisses. Es ist auch der Feind des Besitzes. Der große Dichter André Gide[18] hat einmal gesagt: Jedes Ding, das ich besitzen will, wird mir undurchsichtig. Träumen Leute wie Scheerbart etwa darum von Glasbauten, weil sie Bekenner einer neuen Armut sind?

Die staubige Fata Morgana des Wintergartens, die trübe Perspektive des Bahnhofs mit dem kleinen Altar des Glücks im Schnittpunkt der Gleise, das alles modert unter falschen Konstruktionen, zu früh gekommenem Glas, zu frühem Eisen. Denn in dem ersten Drittel des vorigen Jahrhunderts ahnte noch niemand, wie mit Glas und Eisen gebaut werden muß. Aber längst haben Hangars und Silos das eingelöst.

> »Chaque époque rêve la suivante.«
> *Michelet: Avenir! Avenir!*[19]

Der Form des neuen Produktionsmittels, die im Anfang noch von der des alten beherrscht wird (Marx), entsprechen im Kollektivbewußtsein Bilder, in denen das Neue sich mit dem Alten durchdringt. Diese Bilder sind Wunschbilder und in ihnen sucht das Kollektiv die Unfertigkeit des gesellschaftlichen Produkts sowie die Mängel der gesellschaftlichen Produktionsordnung sowohl aufzuheben wie zu verklären.

[D]as Bild von Glück, das wir hegen, [ist] durch und durch von der Zeit tingiert […], in welche der Verlauf unseres eigenen Daseins uns nun einmal verwiesen hat. […] Es schwingt, mit andern Worten, in der Vorstellung des Glücks unveräußerlich die der Erlösung mit. Mit der Vorstellung von Vergangenheit, welche die Geschichte zu ihrer Sache macht, verhält es sich ebenso. Die Vergangenheit führt einen heimlichen Index[20] mit, durch den sie auf die Erlösung verwiesen wird. Streift denn nicht uns selber ein Hauch der Luft, die um die Früheren gewesen ist? […] Ist dem so, dann besteht eine geheime Verabredung zwischen den gewesenen Geschlechtern und unserem. Dann sind wir auf der Erde erwartet worden. Dann ist uns wie jedem Geschlecht, das vor uns war, eine *schwache* messianische Kraft mitgegeben, an welche die Vergangenheit Anspruch hat.

Daneben tritt in diesen Wunschbildern das nachdrückliche Streben hervor, sich gegen das Veraltete – das heißt aber: gegen das Jüngstvergangene – abzusetzen. Diese Tendenzen weisen die Bildphantasie, die von dem Neuen ihren Anstoß erhielt, an das Urvergangne zurück. In dem Traum, in dem jeder Epoche die ihr folgende in Bildern vor Augen tritt, erscheint die letztere vermählt mit Elementen der Urgeschichte, das heißt einer klassenlosen Gesellschaft.

Man zeigte im alten Griechenland Stellen, an denen es in die Unterwelt hinabging. Auch unser waches Dasein ist ein Land, in dem es an verborgenen Stellen in die Unterwelt hinabgeht, voll unscheinbarer Örter, wo die Träume münden. Alle Tage gehen wir nichtsahnend an ihnen vorüber, kaum aber kommt der Schlaf, so tasten wir mit geschwinden Griffen zu ihnen zurück und verlieren uns in den dunklen Gängen. Das Häuserlabyrinth der Städte gleicht am hellen Tage dem Bewußtsein; die Passagen (das sind die Galerien, die in ihr vergangenes Dasein führen) münden tagsüber unbemerkt in die Straßen. Nachts unter den dunklen Häusermassen aber tritt ihr kompakteres Dunkel erschreckend heraus und der späte Passant hastet an ihnen vorüber, es sei denn, daß wir ihn zur Reise durch die schmale Gasse ermuntert haben.

Daß zwischen der Welt der modernen Technik und der archaischen Symbolwelt der Mythologie Korrespondenzen spielen, kann nur der gedankenlose Betrachter leugnen.

Innerhalb großer geschichtlicher Zeiträume verändert sich mit der gesamten Daseinsweise der historischen Kollektiva auch ihre Wahrnehmung. Die Art und Weise, in der die menschliche Wahrnehmung sich organisiert – das Medium, in dem sie erfolgt – ist nicht nur natürlich sondern auch geschichtlich bedingt.

Deren Erfahrungen, welche im Unbewußten des Kollektivs ihr Depot[21] haben, erzeugen in Durchdringung mit dem Neuen die Utopie, die in tausend Konfigurationen des Lebens, von den dauernden Bauten bis zu den flüchtigen Moden, ihre Spur hinterlassen hat.

Wir wollen eine sinnvolle Kontinuität in aller Entwicklung; daß alle Geschichte nicht zerfalle in Sonderwillen einzelner Zeiten oder gar Individuen, daß die Aufwärtsentwicklung der Menschheit, an die wir glauben, nicht mehr in dumpfer biologischer Unbewußtheit vor sich gehe, sondern dem zielsetzenden Geiste folge: das wollen wir, d. h. *Pflege* der natürlichen Aufwärtsentwicklung der Menschheit: *Kultur.*

Diese Verhältnisse werden an der Fourierschen Utopie[22] kenntlich. Deren innerster Anstoß liegt im Auftreten der Maschinen. Aber das kommt in ihren Darstellungen nicht unmittelbar zum Ausdruck; sie gehen von der Unmoral des Handelsgeschäfts sowie von der in seinem Dienste aufgebotenen falschen Moral aus. Das phalanstère[23] soll die Menschen zu Verhältnissen zurückführen, in denen die Sittlichkeit sich erübrigt. Seine höchst komplizierte Organisation erscheint als Maschinerie. Die Verzahnungen der passions, das verwickelte Zusammenwirken der passions mécanistes[24] mit der passion cabaliste[25] sind primitive Analogiebildungen zur Maschine im Material der Psychologie. Diese Maschinerie aus Menschen produziert das Schlaraffenland, das uralte Wunschsymbol, das Fouriers Utopie mit neuem Leben erfüllt hat.

Die Arbeit, wie sie nunmehr verstanden wird, läuft auf die Ausbeutung der Natur hinaus, welche man mit naiver Genugtuung der Ausbeutung des Proletariats gegenüber stellt. Mit dieser positivistischen Konzeption verglichen erweisen die Phantastereien, die so viel Stoff zur Verspottung eines Fourier gegeben haben, ihren überraschend gesunden Sinn. Nach Fourier sollte die wohlbeschaffene gesellschaftliche Arbeit zur Folge haben, daß vier Monde die irdische Nacht erleuchteten, daß das Eis sich von den Polen zurückziehen, daß das Meerwasser nicht mehr salzig schmecke und die Raubtiere in den Dienst des Menschen träten. Das alles illustriert eine Arbeit, die, weit entfernt die Natur auszubeuten, von den Schöpfungen sie zu entbinden imstande ist, die als mögliche in ihrem Schoße schlummern. Zu dem korrumpierten Begriff von Arbeit gehört als sein Komplement *die* Natur, welche, wie Dietzgen[26] sich ausgedrückt hat, »gratis da ist«.

In den Passagen hat Fourier den architektonischen Kanon des phalanstère gesehen. Ihre reaktionäre Umbildung durch Fourier ist bezeichnend: während sie ursprünglich geschäftlichen Zwecken dienen, werden sie bei ihm Wohnstätten. Das phalanstère wird eine Stadt aus Passagen. Fourier etabliert in der strengen Formwelt des Empire die farbige Idylle des Biedermeier. Ihr Glanz dauert verblaßt bis auf Zola[27]. Er nimmt die Ideen Fouriers in seinem »Travail«[28] auf, wie er von den Passagen in der »Thérèse Raquin«[29] Abschied nimmt. – Marx hat sich Carl Grün[30] gegenüber schützend vor Fourier gestellt und dessen »kolossale Anschauung der Menschen« hervorgehoben. Auch hat er den Blick auf Fouriers Humor gelenkt. In der Tat ist Jean Paul in seiner »Levana«[31] dem Pädagogen Fourier ebenso verwandt wie Scheerbart in seiner »Glasarchitektur« dem Utopisten Fourier.

Ist es erlaubt, dieser […] Aussagen als […] Prämissen sich zu bedienen, so ist der Schluß nicht weit, daß die im Reyen[32] vernehmbar sich machende Welt die der Träume und Bedeutungen sei.

II. Daguerre oder die Panoramen

»Soleil, prends garde à toi!«[1]
A. J. Wiertz: Œuvres littéraires. Paris 1870. p. 374.

Wie die Architektur in der Eisenkonstruktion der Kunst zu entwachsen beginnt, so tut das die Malerei ihrerseits in den Panoramen. Der Höhepunkt in der Verbreitung der Panoramen fällt mit dem Aufkommen der Passagen zusammen.

Das letzte, aber auch größte Werk dieses Spiegelzaubers dankt mehr noch vielleicht als seiner heute schon nachlassenden Anziehungskraft und Rentabilität seinen großen Herstellungskosten, daß es noch immer zu sehen ist. Es ist das »Cabinet des Mirages« im Museé Grévin[2]. Hier traten eiserne Träger und riesige, in ungezählten Winkeln zusammenstoßende Glasflächen ein letztes Mal zusammen. Mannigfache Verkleidungen lassen die Eisenträger bald zu griechischen Säulen, bald in ägyptische Pilaster, bald zu Laternenpfählen sich verwandeln und je nachdem umgeben die Beschauer unabsehbare Säulenwälder antiker Tempel, Fluchten wie von unzähligen aneinanderstoßenden Bahnhöfen, Markthallen oder Passagen.

Im Jahre 1822 hatte Daguerre sein Panorama[3] in Paris eröffnet. Seitdem sind diese klaren, schimmernden Kassetten, die Aquarien der Ferne und Vergangenheit, auf allen modischen Korsos[4] und Promenaden heimisch. Und hier wie in Passagen und Kiosken haben sie Snobs und Künstler gern beschäftigt, ehe sie die Kammer wurden, wo im Innern die

Kinder mit dem Erdball Freundschaft schlossen, von dessen Kreisen der erfreulichste – der schönste, bilderreichste Meridian – sich durch das Kaiserpanorama[5] zog. Als ich zum erstenmal dort eintrat, war die Zeit der zierlichsten Veduten[6] längst vorbei. Der Zauber aber, dessen letztes Publikum die Kinder waren, hatte nichts verloren.

Man war unermüdlich, durch technische Kunstgriffe die Panoramen zu Stätten einer vollkommenen Naturnachahmung zu machen. Man suchte den Wechsel der Tageszeit in der Landschaft, das Heraufziehen des Mondes, das Rauschen der Wasserfälle nachzubilden. David[7] rät seinen Schülern, in den Panoramen nach der Natur zu zeichnen. Indem die Panoramen in der dargestellten Natur täuschend ähnliche Veränderungen hervorzubringen trachten, weisen sie über die Photographie auf Film und Tonfilm voraus.

Mit den Panoramen ist eine panoramatische Literatur gleichzeitig. »Le livre des Cent-et-Un«, »Les Français peints par eux-mêmes«, »Le diable à Paris«, »La grande ville«[8] gehören ihr an. In diesen Büchern bereitet sich die belletristische Kollektivarbeit vor, der in den dreißiger Jahren Girardin[9] im Feuilleton eine Stätte schuf. Sie bestehen aus einzelnen Skizzen, deren anekdotische Einkleidung dem plastisch gestellten Vordergrunde der Panoramen, deren informatorischer Fond[10] deren gemaltem Hintergrunde entspricht.

Der literarische Tagesbetrieb hatte sich hundertundfünfzig Jahre lang um Zeitschriften bewegt. Gegen Ende des ersten Jahrhundertdrittels begann das sich zu ändern. Die schöne

Literatur bekam durch das Feuilleton einen Absatzmarkt in der Tageszeitung. In der Einführung des Feuilletons resümieren sich die Veränderungen, die die Julirevolution[11] der Presse gebracht hatte. Einzelnummern von Zeitungen durften unter der Restauration nicht verkauft werden; man konnte ein Blatt nur als Abonnent beziehen. Wer den hohen Betrag von 80 Francs für das Jahresabonnement nicht bestreiten konnte, war auf Cafés angewiesen, in denen man oft zu mehreren um eine Nummer stand. 1824 gab es in Paris 47 000 Bezieher von Zeitungen, 1836 waren es 70 und 1846 200 Tausend. Eine entscheidende Rolle hatte bei diesem Aufstieg Girardins Zeitung »La Presse« gespielt. Sie hatte drei wichtige Neuerungen gebracht: die Herabsetzung des Abonnementspreises auf 40 Francs, das Inserat sowie den Feuilletonroman. Gleichzeitig begann die kurze, abrupte Information dem gesetzten Bericht Konkurrenz zu machen.

Die Presse ruft einen Überfluß von Informationen auf den Plan, deren Reizwirkung um so stärker ist, je mehr sie irgendwelcher Verwertung entzogen sind. (Die Ubiquität[12] des Lesers allein würde möglich machen, sie zu verwerten; und deren Illusion wird denn auch erzeugt.) Das reale Verhältnis dieser Informationen zum gesellschaftlichen Dasein ist in der Abhängigkeit dieses Informationsbetriebs von den Börseninteressen und in seiner Ausrichtung auf sie beschlossen. – Mit der Entfaltung des Informationsbetriebes setzt sich die geistige Arbeit parasitär auf *jede* materielle, so wie das Kapital mehr und mehr *jede* materielle Arbeit in seine Abhängigkeit bringt.

Diese Literatur ist auch gesellschaftlich panoramatisch. Zum letzten Mal erscheint der Arbeiter, außerhalb seiner Klasse, als Staffage einer Idylle.

Die Panoramen, die eine Umwälzung im Verhältnis der Kunst zur Technik ankündigen, sind zugleich Ausdruck eines neuen Lebensgefühls. Der Städter, dessen politische Überlegenheit über das Land im Laufe des Jahrhunderts vielfach zum Ausdruck kommt, macht den Versuch, das Land in die Stadt einzubringen. Die Stadt weitet sich in den Panoramen zur Landschaft aus wie sie es auf subtilere Art später für den Flanierenden tut. Daguerre ist ein Schüler des Panoramenmalers Prévost[13], dessen Etablissement sich in dem Passage des Panoramas befindet. Beschreibung der Panoramen von Prévost und Daguerre. 1839 brennt das Daguerresche Panorama ab. Im gleichen Jahr gibt er die Erfindung der Daguerreotypie bekannt.

Arago präsentiert die Photographie in einer Kammerrede. Er weist ihr den Platz in der Geschichte der Technik an. Er prophezeit ihre wissenschaftlichen Anwendungen.

Es ist das Schöne an dieser Rede, wie sie an alle Seiten menschlicher Tätigkeit den Anschluß findet. Das Panorama, das sie entwirft, ist groß genug, um die zweifelhafte Beglaubigung der Photographie vor der Malerei, die auch in ihm nicht fehlt, belanglos erscheinen, vielmehr die Ahnung von der wirklichen Tragweite der Erfindung sich entfalten zu lassen. »Wenn Erfinder eines neuen Instrumentes, sagt Arago, dieses zur Beobachtung der Natur anwenden, so ist das, was sie davon gehofft haben, immer eine Kleinigkeit im Vergleich zu der Reihe nachfolgender Entdeckungen, wovon das Instrument der Ursprung war.«

In großem Bogen umspannt diese Rede das Gebiet der neuen Technik von der Astrophysik bis zur Philologie: neben dem Ausblick auf die Sternphotographie steht die Idee, ein corpus der ägyptischen Hieroglyphen[14] aufzunehmen.

Daguerres Lichtbilder waren jodierte und in der camera obscura belichtete Silberplatten, die hin- und hergewendet sein wollten, bis man in richtiger Beleuchtung ein zartgraues Bild darauf erkennen konnte. Sie waren unica; im Durchschnitt bezahlte man im Jahre 1839 für eine Platte 25 Goldfrank[15]. Nicht selten wurden sie wie Schmuck in Etuis verwahrt. In der Hand mancher Maler aber verwandelten sie sich in technische Hilfsmittel.

Dagegen beginnen die Künstler ihren Kunstwert zu debattieren. Die Photographie führt zur Vernichtung des großen Berufsstandes der Porträtminiaturisten. Dies geschieht nicht nur aus ökonomischen Gründen. Die frühe Photographie war künstlerisch der Porträtminiatur überlegen. Der technische Grund dafür liegt in der langen Belichtungszeit, die die höchste Konzentration des Porträtierten erfordert. Der gesellschaftliche Grund dafür liegt in dem Umstand, daß die ersten Photographen der Avantgarde angehörten und ihre Kundschaft zum großen Teil aus ihr kam. Der Vorsprung Nadars[16] vor seinen Berufsgenossen kennzeichnet sich in seinem Unternehmen, Aufnahmen im Kanalisationssystem von Paris zu machen. Damit werden dem Objektiv zum ersten Mal Entdeckungen zugemutet. Seine Bedeutung wird um so größer je fragwürdiger im Angesicht der neuen technischen und gesellschaftlichen Wirklichkeit der subjektive Einschlag in der malerischen und graphischen Information empfunden wird.

Überaus rudimentär sind die Versuche, der Sache theoretisch Herr zu werden. Und so viele Debatten im vorigen Jahrhundert über sie geführt wurden, im Grunde haben sie sich nicht von dem skurrilen Schema freigemacht, mit dem ein chauvinistisches Blättchen, der »Leipziger Anzeiger«, glaubte, beizeiten der französischen Teufelskunst entgegentreten zu müssen. »Flüchtige Spiegelbilder festhalten zu wollen, heißt es da, dies ist nicht bloß ein Ding der Unmöglichkeit, wie es sich nach gründlicher deutscher Untersuchung herausgestellt hat, sondern schon der Wunsch, dies zu wollen, ist eine Gotteslästerung. Der Mensch ist nach dem Ebenbilde Gottes geschaffen und Gottes Bild kann durch keine menschliche Maschine festgehalten werden. Höchstens der göttliche Künstler darf, begeistert von himmlischer Eingebung, es wagen, die gottmenschlichen Züge, im Augenblick höchster Weihe, auf den höheren Befehl seines Genius, ohne jede Maschinenhilfe wiederzugeben.« Hier tritt mit dem Schwergewicht seiner Plumpheit der Banausenbegriff von der »Kunst« auf, dem jede technische Erwägung fremd ist und welcher mit dem provozierenden Erscheinen der neuen Technik sein Ende gekommen fühlt.

Die Weltausstellung von 1855 bringt zum ersten Mal eine Sonderschau »Photographie«. Im gleichen Jahre veröffentlicht Wiertz seinen großen Artikel über die Photographie, in dem er ihr die philosophische Erleuchtung der Malerei zuweist. Diese Erleuchtung verstand er, wie seine eignen Gemälde zeigen, im politischen Sinn. Wiertz[17] kann als der erste bezeichnet werden, der die Montage als agitatorische Verwertung der Photographie wenn nicht vorhergesehen, doch gefordert hat. Mit dem zunehmenden Umfang des Verkehrswesens vermindert sich die informatorische Bedeutung der Malerei. Sie beginnt, in Reaktion auf die Photographie, zunächst die farbigen Bildelemente zu unterstreichen. Als der Impressionismus dem Kubismus weicht, hat die Malerei sich eine weitere Domäne[18] geschaffen, in die ihr die Photographie vorerst nicht folgen kann. Die Photographie ihrerseits dehnt seit der Jahrhundertmitte den Kreis der Warenwirtschaft gewaltig aus, indem sie Figuren, Landschaften, Ereignisse, die entweder überhaupt nicht oder nur als Bild für einen Kunden verwertbar waren, in unbeschränkter Menge auf dem Markt ausbot[19]. Um den Umsatz zu steigern erneuerte sie ihre Objekte durch modische Veränderungen der Aufnahmetechnik, die die spätere Geschichte der Photographie bestimmen.

Hat die Photographie sich aus Zusammenhängen herausbegeben, [...] vom physiognomischen, politischen, wissenschaftlichen Interesse sich emanzipiert, so wird sie »schöpferisch«. Angelegenheit des Objektivs wird die »Zusammenschau«; der photographische Schmock[20] tritt auf. »Der Geist, überwindend die Mechanik, deutet ihre exakten Ergebnisse zu Gleichnissen des Lebens um.« Je mehr die Krise der heutigen Gesellschaftsordnung um sich greift, je starrer ihre einzelnen Momente einander in toter Gegensätzlichkeit gegenübertreten, desto mehr ist das Schöpferische – dem tiefsten Wesen nach Variante; der Widerspruch sein Vater und die Nachahmung seine Mutter – zum Fetisch[21] geworden, dessen Züge ihr Leben nur dem Wechsel modischer Beleuchtung danken. Das Schöpferische am Photographieren ist dessen Überantwortung an die Mode.

»Die Welt ist schön« – genau das ist ihre Devise. In ihr entlarvt sich die Haltung einer Photographie, die jede Konservenbüchse ins All montieren, aber nicht einen der menschlichen Zusammenhänge fassen kann, in denen sie auftritt, und die damit noch in ihren traumverlorensten Sujets mehr ein Vorläufer von deren Verkäuflichkeit als von deren Erkenntnis ist. Weil aber das wahre Gesicht dieses photographischen Schöpfertums die Reklame oder die Assoziation ist, darum ist ihr rechtmäßiger Gegenpart die Entlarvung oder die Konstruktion.

III. Grandville[1] oder die Weltausstellungen

»Oui, quand le monde entier, de Paris jusqu'en Chine,
O divin Saint-Simon[2], sera dans ta doctrine,
L'âge d'or doit renaître avec tout son éclat,
Les fleuves rouleront du thé, du chocolat;
Les moutons tout rôtis bondiront dans la plaine,
Et les brochets au bleu nageront dans la Seine;
Les épinards viendront au monde fricassés,
Avec des croûtons frits tout autour concassés;
Les arbres produiront des pommes en compotes,
Et l'on moissonnera des carricks et des bottes;
Il neigera du vin, il pleuvra des poulets,
Et du ciel les canards tomberont aux navets.«[3]

Langlé et Vanderburch: Louis-Bronze et le Saint-Simonien (Théâtre du Palais-Royal 27 février 1832)

Weltausstellungen sind die Wallfahrtsstätten zum Fetisch Ware. »L'Europe s'est déplacé pour voir des marchandises«[4], sagt Taine[5] 1855. Den Weltausstellungen gehen nationale Ausstellungen der Industrie vorher, von denen die erste 1798 auf dem Marsfelde[6] stattfindet. Sie geht aus dem Wunsch hervor, »die Arbeiterklassen zu amüsieren und wird für dieselben ein Fest der Emanzipation«. Die Arbeiterschaft steht als Kunde im Vordergrund. Der Rahmen der Vergnügungsindustrie hat sich noch nicht gebildet. Das Volksfest stellt ihn. Chaptals[7] Rede auf die Industrie eröffnet diese Ausstellung.

Eine Prognose war fällig, und sie blieb aus. Das besiegelte einen Verlauf, der für das vergangene Jahrhundert kennzeichnend ist: nämlich die verunglückte Rezeption der Technik. Sie besteht in einer Folge schwungvoller, immer erneuter Anläufe, die samt und sonders den Umstand zu überspringen suchen, daß dieser Gesellschaft die Technik nur zur Erzeugung von Waren dient.

Die Saint-Simonisten, die die Industrialisierung der Erde planen, nehmen den Gedanken der Weltausstellungen auf. Chevalier[8], die erste Autorität auf dem neuen Gebiet, ist Schüler von Efantin[9] und Herausgeber der saint-simonistischen Zeitung »Globe«. Die Saint-Simonisten haben die Entwicklung der Weltwirtschaft, nicht aber den Klassenkampf vorausgesehen. Neben ihrem Anteil an den industriellen und kommerziellen Unternehmen um die Jahrhundertmitte steht ihre Hilflosigkeit in Fragen, die das Proleriat betreffen.

Die Saint-Simonisten mit ihrer Industrie-Dichtung stehen am Anfang; es folgt der Realismus eines Du Camp, der in der Lokomotive die Heilige der Zukunft sieht; den Beschluß macht ein Ludwig Pfau[10]: »Es ist ganz unnötig«, schrieb er, »ein Engel zu werden, und die Eisenbahn ist mehr werth als das schönste Paar Flügel!« Dieser Blick auf die Technik fiel aus der »Gartenlaube«. Und man mag sich aus solchem Anlaß fragen, ob die ›Gemütlichkeit‹, deren sich das Bürgertum des Jahrhunderts freute, nicht aus dem dumpfen Behagen stammt, niemals erfahren zu müssen, wie sich die Produktivkräfte unter seinen Händen entwickeln mußten. Diese Erfahrung blieb denn auch wirklich dem Jahrhundert, das folgte, vorbehalten. Es erlebt, wie die Schnelligkeit der Verkehrswerkzeuge, wie die Kapazität der Apparaturen, mit denen man Wort und Schrift vervielfältigt, die Bedürfnisse überflügelt. Die Energien, die die

Technik jenseits dieser Schwelle entwickelt, sind zerstörende. Sie fördern in erster Linie die Technik des Kriegs und die seiner publizistischen Vorbereitung. Von dieser Entwicklung, die durchaus eine klassenbedingte gewesen ist, darf man sagen, daß sie sich im Rücken des vorigen Jahrhunderts vollzogen hat. Ihm sind die zerstörenden Energien der Technik noch nicht bewußt gewesen.

Die Weltausstellungen verklären den Tauschwert der Waren. Sie schaffen einen Rahmen, in dem ihr Gebrauchswert zurücktritt. Sie eröffnen eine Phantasmagorie[11], in die der Mensch eintritt, um sich zerstreuen zu lassen. Die Vergnügungsindustrie erleichtert ihm das, indem sie ihn auf die Höhe der Ware hebt. Er überläßt sich ihren Manipulationen, indem er seine Entfremdung von sich und den andern genießt.

Im Zeitalter der aufs Höchste gesteigerten Entfremdung der Menschen voneinander, der unabsehbar vermittelten Beziehungen, die ihre einzigen wurden, sind Film und Grammophon erfunden worden.

Wer immer bis zu diesem Tage den Sieg davontrug, der marschiert mit in dem Triumphzug, der die heute Herrschenden über die dahinführt, die heute am Boden liegen. Die Beute wird, wie das immer so üblich war, im Triumphzug mitgeführt. Man bezeichnet sie als die Kulturgüter.

Die Inthronisierung der Ware und der sie umgebende Glanz der Zerstreuung ist das geheime Thema von Grandvilles Kunst. Dem entspricht der Zwiespalt zwischen ihrem utopischen und ihrem zynischen Element. Ihre Spitzfindigkeiten in der Darstellung toter Objekte entsprechen dem, was Marx die »theologischen Mucken« der Ware nennt. Sie schlagen sich deutlich in der »spécialité« nieder – eine Warenbezeichnung, die um diese Zeit in der Luxusindustrie aufkommt. Unter Grandvilles Stift verwandelt sich die gesamte Natur in Spezialitäten. Er präsentiert sie im gleichen Geist in dem die Reklame – auch dieses Wort entsteht damals – ihre Artikel zu präsentieren beginnt.

Von der Werbegraphik über das Inserat zur Rundfunkpublizität kann man die wachsende Amalgamierung wichtiger Elemente der Kunst mit den Interessen des Kapitals verfolgen. Daß es sich dabei keineswegs nur um einen bloßen Zersetzungsprozeß handelt, versteht sich nach dem Gesagten von selbst. In der Reklame, welche sich an die Masse der zerstreuten Einzelnen wendet, macht die Kunst die merkantile Probe auf ein Exempel, auf das sie mit der Revolution des Proletariats die menschliche machen wird: das Exempel ihrer Rezeption durch die Massen.

Die Barbarei steckt im Begriff der Kultur selbst: als dem von einem Schatze von Werten, der unabhängig zwar nicht von dem Produktionsprozeß, in welchem sie entstanden, aber unabhängig von dem, in welchem sie überdauern, betrachtet wird. Sie dienen auf diese Weise der Apotheose[12] des letztern, wie barbarisch der immer sein mag.

»Mode: Herr Tod! Herr Tod!«
Leopardi: Dialog zwischen der Mode und dem Tod

Die Weltausstellungen bauen das Universum der Waren

auf. Grandvilles Phantasien übertragen den Warencharakter aufs Universum. Sie modernisieren es. Der Saturnring wird ein gußeisener Balkan, auf dem die Saturnbewohner abends Luft schöpfen. Das literarische Gegenstück dieser graphischen Utopie stellen die Bücher des fourieristischen Naturforschers Toussenel[13] dar. – Die Mode schreibt das Ritual vor, nach dem der Fetisch Ware verehrt sein will. Grandville dehnt ihren Anspruch auf die Gegenstände des alltäglichen Gebrauchs so gut wie auf den Kosmos aus. Indem er sie in ihren Extremen verfolgt, deckt er ihre Natur auf. Sie steht im Widerstreit mit dem Organischen. Sie verkuppelt den lebendigen Leib der anorganischen Welt. An dem Lebenden nimmt sie die Rechte der Leiche wahr. Der Fetischismus, der dem Sex-Appeal des Anorganischen unterliegt, ist ihr Lebensnerv. Der Kultus der Ware stellt ihn in seinen Dienst.

Jede Generation erlebt die Moden der gerade verflossenen als das gründlichste Antiaphrodisiacum[14], das sich denken läßt. Mit diesem Urteil trifft sie nicht so sehr daneben wie man annehmen könnte. Es ist in jeder Mode etwas von bitterer Satire auf Liebe, in jeder sind Perversionen auf das rücksichtsloseste angelegt.

Das Ding übt seine die Menschen einander entfremdende Wirkung erst als Ware. Es übt sie durch seinen Preis. Die Einfühlung in den Tauschwert der Ware, in ihr Gleichheitssubstrat – darin besteht das Entscheidende. (Die absolute qualitative Gleichheit der Zeit, in der die den Tauschwert herstellende Arbeit verläuft, ist der graue Fond, von dem die schreienden Farben der Sensation sich abheben.)

Zur pariser Weltausstellung von 1867 erläßt Victor Hugo[15] ein Manifest »An die Völker Europas«. Früher und eindeutiger sind deren Interessen von den französischen Arbeiterdelegationen vertreten worden, deren erste zur londoner Weltausstellung von 1851, deren zweite von 750 Vertretern zu der von 1862 abgeordnet wurde. Diese war mittelbar für die Gründung der Internationalen Arbeiter-Association von Marx von Bedeutung.

Die Phantasmagorie des rêve parisien[16] erinnert an die der Weltausstellungen, in der die Bourgeoisie der Ordnung des Eigentums und der Produktion ihr »Verweile doch, du bist so schön« zuruft.

Die Phantasmagorie der kapitalistischen Kultur erreicht auf der Weltausstellung von 1867 ihre strahlendste Entfaltung.

Der Kapitalismus war eine Naturerscheinung, mit der ein neuer Traumschlaf über Europa kam und in ihm eine Reaktivierung der mythischen Kräfte.

Das Kaiserreich steht auf der Höhe seiner Macht. Paris bestätigt sich als Kapitale des Luxus und der Moden. Offenbach schreibt dem pariser Leben den Rhythmus vor. Die Operette ist die ironische Utopie einer dauernden Herrschaft des Kapitals.

Wie das Geschwätz die Knechtung der Sprache durch die Dummheit besiegelt, so die Operette die Verklärung der Dummheit durch die Musik.

Erst die neueste Zeit hat mit der schrankenlosen Ausbildung einer Konsumentenmentalität im Operettenbesucher, im Romanleser, im Vergnügungsreisenden und ähnlichen Typen die stumpfen, unartikulierten Massen – das Publikum im engeren Sinn geschaffen, das keine Maßstäbe für sein Urteil, keine Sprache für seine Empfindungen hat.

IV. Louis-Philippe oder das Interieur

»La tête …
Sur la table de nuit, comme une renoncule,
Repose.«
Baudelaire: Une martyre[1]

Unter Louis-Philippe betritt der Privatmann den geschichtlichen Schauplatz. Die Erweiterung des demokratischen Apparats durch ein neues Wahlrecht fällt mit der parlamentarischen Korruption zusammen, die von Guizot[2] organisiert wird. In deren Schutz macht die herrschende Klasse Geschichte, indem sie ihre Geschäfte verfolgt. Sie fördert den Eisenbahnbau, um ihren Aktienbesitz zu verbessern. Sie begünstigt die Herrschaft Louis-Philippes[3] als die des geschäftsführenden Privatmanns. Mit der Julirevolution hat die Bourgeoisie die Ziele von 1789 verwirklicht (Marx).

So ist die Grenzsetzung zwischen Privatem und Öffentlichem, die 1789 die Freiheit verkünden sollte, zum Gespött geworden.

Für den Privatmann tritt erstmals der Lebensraum in Gegensatz zu der Arbeitsstätte. Der erste konstituiert sich im Interieur. Das Kontor ist sein Komplement. Der Privatmann, der im Kontor der Realität Rechnung trägt, verlangt vom Interieur in seinen Illusionen unterhalten zu werden. Diese Notwendigkeit ist um so dringlicher, als er seine geschäftlichen Überlegungen nicht zu gesellschaftlichen zu erweitern gedenkt. In der Gestaltung seiner privaten Umwelt verdrängt er beide. Dem entspringen die Phantasmagorien des Interieurs. Es stellt für den Privatmann das Universum dar. In ihm versammelt er die Ferne und die Vergangenheit. Sein Salon ist eine Loge im Welttheater.

Seit Louis Philippe findet man im Bürgertum das Bestreben, sich für die Spurlosigkeit des Privatlebens in der großen Stadt zu entschädigen. Das versucht es innerhalb seiner vier Wände. Es ist als habe es seine Ehre darein gesetzt, die Spur, wenn schon nicht seiner Erdentage so doch seiner Gebrauchsartikel und Requisiten in Äonen nicht untergehen zu lassen.

Exkurs über den Jugendstil. Die Erschütterung des Interieurs vollzieht sich um die Jahrhundertwende im Jugendstil. Allerdings scheint er, seiner Ideologie nach, die Vollendung des Interieurs mit sich zu bringen. Die Verklärung der einsamen Seele erscheint als sein Ziel. Der Individualismus ist seine Theorie. Bei Van de Velde[4] erscheint das Haus als Ausdruck der Persönlichkeit. Das Ornament ist diesem Hause was dem Gemälde die Signatur[5]. Die wirkliche Bedeutung des Jugendstils kommt in dieser Ideologie nicht zum Ausdruck. Er stellt den letzten Ausfallsversuch der in ihrem elfenbeinernen Turm von der Technik belagerten Kunst dar.

Der Jugendstil erscheint als das produktive Mißverständnis, kraft dessen das »Neue« zum »Modernen« geworden ist.

Er mobilisiert alle Reserven der Innerlichkeit. Sie finden ihren Ausdruck in der mediumistischen[6] Liniensprache, in der Blume als dem Sinnbild der nackten, vegetativen Natur, die der technisch armierten Umwelt entgegentritt. Die neuen Elemente des Eisenbaus, Trägerformen, beschäftigen den Jugendstil. Im Ornament bemüht er sich, diese Formen der Kunst zurückzugewinnen. Das Beton stellt ihm neue Möglichkeiten plastischer Gestaltung in der Architektur in Aussicht. Um diese Zeit verlagert der wirkliche Schwerpunkt des Lebensraumes sich ins Büro. Der entwirklichte schafft sich seine Stätte im Eigenheim. Das Fazit des Jugendstils zieht der »Baumeister Solneß«[7]: der Versuch des Individuums, auf Grund seiner Innerlichkeit mit der Technik es aufzunehmen, führt zu seinem Untergang.

Weil aber die Profitgier der herrschenden Klasse an ihr ihren Willen zu büßen gedachte, hat die Technik die Menschheit verraten und das Brautlager in ein Blutmeer[8] verwandelt. Naturbeherrschung, so lehren die Imperialisten, ist Sinn aller Technik. Wer möchte aber einem Prügelmeister trauen, der Beherrschung der Kinder durch die Erwachsenen für den Sinn der Erziehung erklären würde? Ist nicht Erziehung vor allem die unerläßliche Ordnung des Verhältnisses zwischen den Generationen und also, wenn man von Beherrschung reden will, Beherrschung der Generationsverhältnisse und nicht der Kinder? Und so auch Technik nicht Naturbeherrschung: Beherrschung vom Verhältnis von Natur und Menschheit. Menschen als Spezies stehen zwar seit Jahrzehntausenden am Ende ihrer Entwicklung; Menschheit als Spezies aber steht an deren Anfang. Ihr organisiert in der Technik sich eine Physis, in welcher ihr Kontakt mit dem Kosmos sich neu und anders bildet als in Völkern und Familien. Genug, an die Erfahrung von Geschwindigkeiten zu erinnern, kraft deren nun die

Menschheit zu unabsehbaren Fahrten ins Innere der Zeit sich rüstet, um dort auf Rhythmen zu stoßen, an denen Kranke wie vordem auf hohen Gebirgen oder an südlichen Meeren sich kräftigen werden.

»Je crois … à mon âme: la Chose.«[9]
Léon Deubel: Œuvres. Paris 1929. p. 193.

Das Interieur ist die Zufluchtsstätte der Kunst. Der Sammler ist der wahre Insasse des Interieurs. Er macht die Verklärung der Dinge zu seiner Sache. Ihm fällt die Sisyphosaufgabe[10] zu, durch seinen Besitz an den Dingen den Warencharakter von ihnen abzustreifen. Aber er verleiht ihnen nur den Liebhaberwert statt des Gebrauchswerts. Der Sammler träumt sich nicht nur in eine ferne oder vergangene Welt sondern zugleich in eine bessere, in der zwar die Menschen ebensowenig mit dem versehen sind, was sie brauchen, wie in der alltäglichen, aber die Dinge von der Fron frei sind, nützlich zu sein.

Der Lumpensammler kann natürlich nicht zur Bohème[11] zählen. Aber vom Literaten bis zum Berufsverschwörer konnte jeder, der zur Bohème gehörte, im Lumpensammler ein Stück von sich wiederfinden.

Vielmehr, das Kind oder der Proletarier, der sich eben bildet, erkennt mit Recht ganz anderes als Meisterwerk an denn ein Sammler. Solche Bilder haben für ihn eine sehr vorübergehende aber solide Bedeutung, und der strengere Maßstab tut nur den aktuellen Werken gegenüber not, die sich auf ihn, seine Arbeit und seine Klasse beziehen.

Dort, bei den Kindern, ist das Sammeln nur *ein* Verfahren der Erneuerung, ein anderes ist das Bemalen der Gegenstände, wieder eines das Ausschneiden, noch eines das Abziehen und so die ganze Skala kindlicher Aneignungsarten vom Anfassen bis hinauf zum Benennen. Die alte Welt erneuern [...].

Das Interieur ist nicht nur das Universum sondern auch das Etui des Privatmanns. Wohnen heißt Spuren hinterlassen. Im Interieur werden sie betont. Man ersinnt Überzüge und Schoner, Futterals und Etuis in Fülle, in denen die Spuren der alltäglichsten Gebrauchsgegenstände sich abdrücken. Auch die Spuren des Wohnenden drücken sich im Interieur ab. Es entsteht die Detektivgeschichte, die diesen Spuren nachgeht. Die »Philosophie des Mobiliars« sowie seine Detektivnovellen erweisen Poe[12] als den ersten Physiognomen des Interieurs.

Spurlos wohnen. Betritt einer das bürgerliche Zimmer der achtziger Jahre, so ist bei aller »Gemütlichkeit«, welche es vielleicht ausstrahlt, der Eindruck »Hier hast du nichts zu suchen« der stärkste. Hier hast du nichts zu suchen – denn hier ist kein Fleck, auf dem nicht der Bewohner seine Spur schon hinterlassen hätte: auf den Gesimsen durch die Nippsachen, auf den Polstersesseln durch Deckchen mit dem Monogramm, vor den Fensterscheiben durch Transparente und vor dem Kamin durch einen Ofenschirm. Ein schönes Wort von Brecht hilft von hier fort; weit fort. »Verwisch die Spuren!«[13] Hier, im bürgerlichen Zimmer, ist das entgegengesetzte Verhalten zur Gewohnheit geworden. Und umgekehrt nötigt das Interieur seine Bewohner, sich ein Höchstmaß von Gewohnheiten zuzulegen. Sie sind im Bilde des »möblierten Herrn« versammelt, wie er den Wirtinnen vor Augen steht. Das Wohnen war in diesen Plüschgelassen nichts andres als das Nachziehen einer Spur, die von Gewohnheiten gestiftet wurde. Sogar der Zorn, der beim geringsten Schaden dort die Geschädigte befiel, war vielleicht nur die Reaktion des Menschen, welchem man »die Spur von seinen Erdetagen«[14] ausgewischt hat. Die Spur, die er auf Polstern und in Sesseln, die seine Anverwandten in den Photos, die seine Habe in Futteralen und Etuis zurückgelassen hatte und die diese Räume manchmal so übervölkert scheinen ließen wie die Urnenhallen. Das haben nun die neuen Architekten mit ihrem Glas und ihrem Stahl erreicht: Sie schufen Räume, in denen es nicht leicht ist, eine Spur zu hinterlassen.

Spur und Aura. Die Spur ist Erscheinung einer Nähe, so fern das sein mag, was sie hinterließ. Die Aura ist Erscheinung einer Ferne, so nah das sein mag, was sie hervorruft. In der Spur werden wir der Sache habhaft; in der Aura bemächtigt sie sich unser.

Die Verbrecher der ersten Detektivromane sind weder Gentlemen noch Apachen sondern bürgerliche Privatleute[15].

V. Baudelaire oder die Straßen von Paris

»Tout pour moi devient allégorie«[1].
Baudelaire: Le cygne

Baudelaires Ingenium, das sich aus der Melancholie nährt, ist ein allegorisches.

Auf dem Passionswege des Melancholikers sind die Allegorien die Stationen.

Der Terminus von Melanchthon Melencolia illa heroica[2] bezeichnet Baudelaires Ingenium[3] am vollkommensten. Die Melancholie enthält aber im neunzehnten Jahrhundert einen andern Charakter als im siebzehnten. Die Schlüsselfigur der frühen Allegorie ist die Leiche. Die Schlüsselfigur der späten Allegorie ist das »Andenken«. Das »Andenken« ist das Schema der Verwandlung der Ware ins Objekt des Sammlers. Die Correspondances sind der Sache nach die unendlich vielfachen Anklänge jeden Andenkens an die andern. »J'ai plus de souvenirs que si j'avais mille ans.«[4]

Der Grübler, dessen Blick, aufgeschreckt, auf das Bruchstück in seiner Hand fällt, wird zum Allegoriker.

Zum ersten Male wird bei Baudelaire Paris zum Gegenstand der lyrischen Dichtung. Diese Dichtung ist keine Heimatkunst, vielmehr ist der Blick des Allegorikers, der die Stadt trifft, der Blick des Entfremdeten. Es ist der Blick des Flaneurs, dessen Lebensform die kommende trostlose des Großstadtmenschen noch mit einem versöhnenden

Schimmer umspielt. Der Flaneur steht noch auf der Schwelle, der Großstadt sowohl wie der Bürgerklasse. Keine von beiden hat ihn noch überwältigt. In keiner von beiden ist er zu Hause.

Hier geht, im Indifferenzpunkt, auf der Paßhöhe der Mythen, der Dichter daran, den Stand des gegenwärtigen Menschen in den Spuren seiner passio[5] zu zeichnen.

Die Quellen, aus denen die heroische Haltung von Baudelaire sich speist, brechen aus den tiefsten Fundamenten der gesellschaftlichen Ordnung hervor, die sich um die Jahrhundertmitte anbahnte. Sie bestehen in nichts anderm als den Erfahrungen, kraft deren Baudelaire über die einschneidenden Veränderungen der Bedingungen künstlerischer Produktion belehrt wurde. Diese Veränderungen bestanden darin, daß am Kunstwerk die Warenform, an seinem Publikum die Massenform unmittelbarer und vehementer als jemals vordem zum Ausdruck kam.

Er sucht sich sein Asyl in der Menge.

Das Nächstliegende war in der Tat, den Leuten voneinander ein freundliches Bild zu geben. Damit webten die Physiologien[6] auf ihre Art an der Phantasmagorie des pariser Lebens. Aber ihr Verfahren konnte nicht sehr weit führen. Die Leute kannten einander als Schuldner und Gläubiger, als Verkäufer und Kunde, als Arbeitgeber und Angestellter – vor allem kannten sie einander als Konkurrenten. Ihnen von ihren Partnern die Vorstellung eines harmlosen Originals zu erwecken, erschien auf die Dauer nicht aussichtsreich. Daher bildete sich in diesem Schrifttum früh eine andere Ansicht der Sache aus, die sehr viel tonischer[7] wirken konnte. Sie geht auf die Physiognomiker[8] des achtzehnten Jahrhunderts zurück. Mit deren soliden Bemühungen hat sie allerdings wenig zu tun. [...] Die Physiologien zehrten von deren Kredit, ohne aus Eigenem dazuzugeben. Sie versicherten, jedermann sei, von Sachkenntnis ungetrübt, imstande, Beruf, Charakter, Herkunft und Lebensweise der Passanten abzulesen. Bei ihnen erscheint diese Gabe als eine Fähigkeit, die die Feen dem Großstädter in die Wiege legen.

Frühe Beiträge zur Physiognomik der Menge finden sich bei Engels[9] und Poe.

Die beruhigenden Mittelchen, welche die Physiologisten feilhielten, waren bald abgetan. Der Literatur dagegen, die sich an die beunruhigenden und bedrohlichen Seiten des städtischen Lebens gehalten hat, sollte eine große Zukunft beschieden sein. Auch diese Literatur hat es mit der Masse zu tun. Sie verfährt aber anders als die Physiologien. Ihr liegt an der Bestimmung von Typen wenig; sie geht vielmehr den Funktionen nach, welche der Masse in der großen Stadt eigen sind.

Die Menge ist der Schleier, durch denn hindurch dem Flaneur die gewohnte Stadt als Phantasmagorie winkt. In ihr ist sie bald Landschaft, bald Stube. Beide baut dann das Warenhaus auf, das die Flanerie selber dem Warenumsatze nutzbar macht. Das Warenhaus ist der letzte Strich des Flaneurs.

Eben diese Veränderungen führten späterhin neben andern Veränderungen im Bereiche der Kunst vor allem den Untergang der lyrischen Dichtung herauf. Es macht die einmalige Signatur der Fleurs du mal, daß Baudelaire auf diese Veränderungen mit einem Gedichtbuche erwidert. Das ist zugleich das außerordentlichste Exempel heroischer Haltung, das in seinem Dasein zu finden ist.

Im Flaneur begibt sich die Intelligenz auf den Markt. Wie sie meint, um ihn anzusehen und in Wahrheit doch schon, um einen Käufer zu finden. In diesem Zwischenstadium, in dem sie noch Mäzene hat aber schon beginnt, mit dem Markt sich vertraut zu machen, erscheint sie als bohème. Der Unentschiedenheit ihrer ökonomischen Stellung entspricht die Unentschiedenheit ihrer politischen Funktion. Diese kommt am sinnfälligsten bei den Berufsverschwörern zum Ausdruck, die durchweg der bohème angehören. Ihr anfängliches Arbeitsfeld ist die Armee, später wird es das Kleinbürgertum, gelegentlich das Proletariat. Doch sieht diese Schicht ihre Gegner in den eigentlichen Führern des letztern. Das kommunistische Manifest[10] macht ihrem politischen Dasein ein Ende. Baudelaires Dichtung zieht ihre Kraft aus dem rebellischen Pathos dieser Schicht. Er schlägt sich auf die Seite der Asozialen.

Der Chronist, welcher die Ereignisse hererzählt, ohne große und kleine zu unterscheiden, trägt damit der Wahrheit Rechnung, daß nichts was sich jemals ereignet hat, für die Geschichte verloren zu geben ist. [...] Jeder ihrer gelebten Augenblicke wird zu einer citation à l'ordre du jour[11] – welcher Tag eben der jüngste ist.

Seine einzige Geschlechtsgemeinschaft realisiert er mit einer Hure.

Es ist das Einmalige der Dichtung von Baudelaire, daß die Bilder des Weibs und des Todes sich in einem dritten durchdringen, dem von Paris. Das Paris seiner Gedichte ist eine versunkene Stadt und mehr unterseeisch als unterirdisch. Die chthonischen[12] Elemente der Stadt – ihre topographische Formation, das alte verlassene Bett der Seine – haben wohl einen Abdruck bei ihm gefunden. Entscheidend jedoch ist bei Baudelaire in der »totenhaften Idyllik« der Stadt ein gesellschaftliches Substrat, ein modernes.

Diese Bevölkerung ist der Hintergrund, von dem sich der Umriß des Heros abhebt. Das Bild, welches sich so darstellt, beschriftete Baudelaire auf seine eigene Weise. Er setzte das Wort la modernité darunter.

Der Heros ist das wahre Subjekt der modernité. Das will besagen – um die Moderne zu leben, bedarf es einer heroischen Verfassung.

Bei Baudelaire steht Paris als ein Wahrzeichen der Antike in Kontrast zu seiner Masse als Wahrzeichen der Moderne.

Das Moderne ist ein Hauptakzent seiner Dichtung. Als spleen zerspellt er das Ideal (»Spleen et Idéal«[13]).

George[14] hat spleen et idéal[15] mit »Trübsinn und Vergeistigung« übersetzt und damit die wesentliche Bedeutung des Ideals bei Baudelaire getroffen.

Der spleen ist das Gefühl, das der Katastrophe in Permanenz entspricht.

Es ist eine sehr spezifische Erfahrung, die das Proletariat an der Großstadt macht. Eine in manchem ähnliche macht in ihr der Emigrant.

Baudelaires spleen ist das Leiden am Verfall der Aura.

Die Massenproduktion ist die ökonomische, der Klassenkampf die gesellschaftliche Hauptursache für den Verfall der Aura.

Aber immer zitiert gerade die Moderne die Urgeschichte. Hier geschieht das durch die Zweideutigkeit, die den gesellschaftlichen Verhältnissen und Erzeugnissen dieser Epoche eignet. Zweideutigkeit ist die bildliche Erscheinung der Dialektik, das Gesetz der Dialektik im Stillstand. Dieser Stillstand ist Utopie und das dialektische Bild also Traumbild. Ein solches Bild stellt die Ware schlechthin: als Fetisch. [...] Ein solches Bild stellen die Passagen, die sowohl Haus sind wie Straße.

Die Straße wird zur Wohnung für den Flaneur, der zwischen Häuserfronten so wie der Bürger in seinen vier Wänden zuhause ist. Ihm sind die glänzenden emaillierten Firmenschilder[16] so gut und besser ein Wandschmuck wie im Salon dem Bürger ein Ölgemälde; Mauern sind das Schreibpult, gegen das er seinen Notizblock stemmt; Zeitungskioske sind seine Bibliotheken und die Caféterrassen Erker, von denen aus er nach getaner Arbeit auf sein Hauswesen heruntersieht. Daß das Leben in seiner ganzen Vielfalt, in seinem unerschöpflichen Reichtum an Variationen erst zwischen den grauen Pflastersteinen und vor dem grauen Hintergrunde der Despotie gedeiht – das war der politische Hintergedanke des Schrifttums, dem die Physiologien angehörten.

Ein solches Bild stellt die Hure, die Verkäuferin und Ware in einem ist.

> »Je voyage pour connaître ma géographie.«[17]
> *Aufzeichnung eines Irren. (Marcel Réja: L'art chez les fous. Paris 1907. p. 131.)*

Das letzte Gedicht der »Fleurs du mal«: Le Voyage. »O Mort, vieux capitaine, il est temps! levons l'ancre!« Die letzte Reise des Flaneurs: der Tod. Ihr Ziel: das Neue. »Au fond de l'Inconnue pour trouver du Nouveau!«[18] Das Neue ist eine vom Gebrauchswert der Ware unabhängige Qualität. Es ist der Ursprung des Scheins, der den Bildern unveräußerlich ist, die das kollektive Unbewußte hervorbringt. Es ist die Quintessenz des falschen Bewußtseins, dessen nimmermüde Agentin die Mode ist. Dieser Schein des Neuen reflektiert sich, wie ein Spiegel im andern, im Schein des immer wieder Gleichen.

Jede Gegenwart ist durch diejenigen Bilder bestimmt, die mit ihr synchronistisch sind: jedes Jetzt ist das Jetzt einer bestimmten Erkennbarkeit. In ihm ist die Wahrheit mit Zeit bis zum Zerspringen geladen. (Dies Zerspringen, nichts anderes, ist der Tod der Intentio[19], der also mit der Geburt der echten historischen Zeit, der Zeit der Wahrheit, zusammenfällt.) Nicht so ist es, daß das Vergangene sein Licht auf das Gegenwärtige oder das Gegenwärtige sein Licht auf das Vergangne wirft, sondern Bild ist dasjenige, worin das Gewesene mit dem Jetzt blitzhaft zu einer Konstellation zusammentritt. Mit andern Worten: Bild ist die Dialektik im Stillstand. Denn während die Beziehung der Gegenwart zur Vergangenheit eine rein zeitliche ist, ist die des Gewesnen zum Jetzt eine dialektische: nicht zeitlicher sondern bildlicher Natur. Nur dialektische Bilder sind echt geschichtliche, d. h. nicht archaische Bilder.

Das wahre Bild der Vergangenheit *huscht* vorbei. Nur als Bild, das auf Nimmerwiedersehen im Augenblick seiner Erkennbarkeit eben aufblitzt, ist die Vergangenheit festzuhalten. [...] [E]s ist ein unwiederbringliches Bild der Vergangenheit, das mit jeder Gegenwart zu verschwinden droht, die sich nicht als in ihm gemeint erkannte.

Vergangenes historisch artikulieren heißt nicht, es erkennen ›wie es denn eigentlich gewesen ist‹. Es heißt, sich einer Erinnerung bemächtigen, wie sie im Augenblick einer Gefahr aufblitzt. [...] Die Gefahr droht sowohl dem Bestand der Tradition wie ihren Empfängern. [...] In jeder Epoche muß versucht werden, die Überlieferung von neuem dem Konformismus abzugewinnen, der im Begriff steht, sie zu überwältigen.

Das Produkt dieser Reflexion ist die Phantasmagorie der »Kulturgeschichte«, in der die Bourgeoisie ihr falsches Bewußtsein auskostet. Die Kunst, die an ihrer Aufgabe zu zweifeln beginnt und aufhört, »inséparable de l'utilité«[20] zu sein (Baudelaire), muß das Neue zu ihrem obersten Wert machen. Der arbiter novarum rerum[21] wird ihr der Snob. Er ist der Kunst, was der Mode der Dandy[22] ist. – Wie im XVII. Jahrhundert die Allegorie der Kanon der dialektischen Bilder wird, so im XIX. Jahrhundert die Nouveauté. Den magasins de nouveautés treten die Zeitungen an die Seite. Die Presse organisiert den Markt geistiger Werte, auf dem zunächst eine Hausse[23] entsteht. Die Nonkonformisten rebellieren gegen die Auslieferung der Kunst an den Markt. Sie scharen sich um das Banner des »l'art pour l'art«[24].

Die umständlichen Theoreme, mit denen das l'art pour l'art von seinen damaligen Verfechtern wie von der Literaturgeschichte bedacht wurde, laufen schlecht und recht auf den Satz hinaus: die Sensibilität ist das wahre Sujet der Poesie. Die Sensibilität ist ihrer Natur nach leidend. Wenn sie ihre höchste Konkretion, ihre gehaltvollste Bestimmung in der Erotik erfährt, so fände sie ihre absolute Vollendung, die mit ihrer Verklärung zusammenfiele, in der Passion. Sie würde den Begriff einer »aesthetischen Passion« definieren; der Begriff des Aesthetischen träte hier in genau derjenigen Bedeutung auf, welche die Erotologie[25] von Kierkegaard[26] ihm gegeben hat.

Denn das l'art pour l'art ist ja fast niemals buchstäblich zu nehmen gewesen, fast immer eine Flagge unter der ein Gut segelt, das man nicht deklarieren kann, weil der Name noch fehlt.

Dieser Parole entspringt die Konzeption des Gesamtkunstwerks, das versucht, die Kunst gegen die Entwicklung der Technik abzudichten. Die Weihe, mit der es sich zelebriert, ist das Pendant der Zerstreuung, die die Ware verklärt. Beide abstrahieren vom gesellschaftlichen Dasein des Menschen. Baudelaire unterliegt der Betörung Wagners.

VI. Haussmann oder die Barrikaden

»J'ai le culte du Beau, du Bien, des grandes choses,
De la belle nature inspirant le grand art,
Qu'il enchante l'oreille ou charme le regard;
J'ai l'amour du printemps en fleurs: femmes et roses!«[1]
(Baron Haussmann) Confession d'un lion devenu vieux

»Das Blüthenreich der Dekorationen,
Der Reiz der Landschaft, der Architektur
Und aller Szenerie-Effekt beruhen
Auf dem Gesetz der Perspektive nur.«
Franz Böhle: Theater-Katechismus. München, p. 74.

Haussmanns urbanistisches[2] Ideal waren die perspektivischen Durchblicke durch lange Straßenfluchten. Es entspricht der im XIX. Jahrhundert immer wieder bemerkbaren Neigung, technische Notwendigkeiten durch künstlerische Zielsetzung zu veredeln.

Bauten begleiten die Menschheit seit ihrer Urgeschichte. Viele Kunstformen sind entstanden und sind vergangen. Die Tragödie entsteht mit den Griechen, um mit ihnen zu verlöschen und nach Jahrhunderten nur ihren »Regeln« nach wieder aufzuleben. Das Epos, dessen Ursprung in der Jugend der Völker liegt, erlischt in Europa mit dem Ausgang der Renaissance. Die Tafelmalerei ist eine Schöpfung des Mittelalters, und nichts gewährleistet ihr eine ununterbrochene Dauer. Das Bedürfnis des Menschen nach Unterkunft aber ist beständig. Die Baukunst hat niemals brach gelegen. Ihre Geschichte ist länger als die jeder anderen Kunst und ihre Wirkung sich zu vergegenwärtigen von Bedeutung für jeden Versuch, vom Verhältnis der Massen zum Kunstwerk sich Rechenschaft abzulegen. Bauten werden auf doppelte Art rezipiert: durch Gebrauch und durch Wahrnehmung. Oder besser gesagt: taktil[3] und optisch.

Sicher war die Baugeschichte der Stadt nicht weniger bewegt, nicht weniger voll von Gewalttat als andere. Wie aber die Natur an Burgen Wunden mit Grün heilt, so hat angesiedeltes, strotzendes Bürgertum die Zerrissenheit der Großstadt befriedet.

Die Betrachtung geht davon aus, daß der sture Fortschrittsglaube [der] Politiker, ihr Vertrauen in ihre ›Massenbasis‹ und schließlich ihre servile[4] Einordnung in einen unkontrollierbaren Apparat drei Seiten derselben Sache gewesen sind. Sie sucht einen Begriff davon zu geben, wie *teuer* unser gewohntes Denken eine Vorstellung von Geschichte zu stehen kommt, die jede Komplizität[5] mit der vermeidet, an der [die] Politiker weiter festhalten.

Die Vorstellung eines Fortschritts des Menschengeschlechts in der Geschichte ist von der Vorstellung ihres eine homogene und leere Zeit durchlaufenden Fortgangs nicht abzulösen. Die Kritik an der Vorstellung dieses Fortgangs muß die Grundlage der Kritik an der Vorstellung des Fortschritts überhaupt bilden.

Das träumende Kollektiv kennt keine Geschichte. Ihm fließt der Verlauf des Geschehens als immer Nämliches und immer Neuestes dahin. Die Sensation des Neuesten, Modernsten ist nämlich ebensosehr Traumform des Geschehens wie die ewige Wiederkehr alles Gleichen. Die Raumwahrnehmung, die dieser Zeitwahrnehmung entspricht, ist die Durchdringungs- und Überdeckungstransparenz der Welt des Flaneurs.

Es ist das Eigenste der dialektischen Erfahrung, den Schein des Immer-Gleichen, ja auch nur der Wiederholung in der Geschichte zu zerstreuen. Die echte politische Erfahrung ist von diesem Schein absolut frei.

Die Institute der weltlichen und geistlichen Herrschaft des Bürgertums sollten, in den Rahmen der Straßenzüge gefaßt, ihre Apotheose finden, Straßenzüge wurden vor ihrer Fertigstellung mit einem Zelttuch verhangen und wie Denkmäler enthüllt.

Das alles waren unzulängliche Versuche, die Kluft zu verdecken, die die Entwicklung der Technik zwischen dem Konstrukteur der neuen Schule und dem Künstler alten Schlages aufgerissen hatte.

Die Wirksamkeit Haussmanns fügt sich dem napoleonischen Imperialismus ein. Dieser begünstigt das Finanzkapital. Paris erlebt eine Hochblüte der Spekulation. Das Börsenspiel drängt die aus der feudalen Gesellschaft überkommenen Formen des Hasardspiels[6] zurück.

Im Bürgertum ist das Hasardspiel erst mit dem neunzehnten Jahrhundert heimisch geworden; im achtzehnten spielte nur der Adel. Es war durch die napoleonischen Heere verbreitet worden und gehörte nun »zum Schauspiele des mondänen Lebens und der Tausende ungeregelter Existenzen, die in den Souterrains einer großen Stadt zuhause sind« – dem Schauspiel, in dem Baudelaire das Heroische sehen wollte, »wie es unsere Epoche zu eigen hat«.

Die Erfahrung ist der Ertrag der Arbeit, das Erlebnis ist die Phantasmagorie des Müßiggängers.

Den Phantasmagorien des Raumes, denen der Flaneur sich ergibt, entsprechen die Phantasmagorien der Zeit, denen der Spieler nachhängt. Das Spiel verwandelt die Zeit in ein Rauschgift.

Ist doch Rausch die Erfahrung, in welcher wir allein des Allernächsten und des Allerfernsten, und nie des einen ohne des andern, uns versichern.

Lafargue[7] erklärt das Spiel als eine Nachbildung der Mysterien der Konjunktur im kleinen.

Es gibt eine bestimmte Struktur des Schicksals, die sich nur am Gelde und eine besondere Struktur des Geldes, die sich nur am Schicksal erkennen läßt.

Die Expropriationen[8] durch Haussmann rufen eine betrügerische Spekulation ins Leben. Die Rechtsprechung des Kassationshofs[9], die von der bürgerlichen und orleanistischen[10] Opposition inspiriert wird, erhöht das finanzielle Risiko der Haussmannisierung.

Haussmann versucht seine Diktatur zu stützen und Paris unter ein Ausnahmeregime zu stellen. 1864 bringt er in einer Kammerrede seinen Haß gegen die wurzellose Großstadtbevölkerung zum Ausdruck. Diese vermehrt sich durch seine Unternehmungen ständig. Die Steigerung der Mietpreise treibt das Proletariat in die faubourgs[11]. Die quartiers[12] von Paris verlieren dadurch ihre Eigenphysiognomie. Die rote ceinture[13] entsteht.

Rechts oder links von der Barrikade. Es ist höchst kennzeichnend, daß für große Teile der Bürgerklasse dazwischen nur eine Nuance gelegen hat. Das ändert sich erst mit Louis Napoléon[14]. Baudelaire konnte – wie es übrigens nicht leicht realisierbar ist – Freund von Pierre Dupont[15] sein, konnte die Juni-Insurrektion[16] auf der Seite des Proletariats mitmachen und konnte jeder Unannehmlichkeit entgehen indem er seinen Freunden Chennevières[17] und La Vavasseur[18] von der école Normande[19] begegnete, die sich ihrerseits in Begleitung eines garde nationale[20] befanden.

Haussmann hat sich selber den Namen »artiste démolisseur«[21] gegeben. Er fühlte sich zu seinem Werk berufen und betont das in seinen Memoiren. Indessen entfremdet er den Parisern ihre Stadt. Sie fühlen sich in ihr nicht mehr heimisch.

Allwöchentlich werden die Möbel in den kahlen Zimmern umgestellt – das ist der einzige Luxus, den man [...] sich gestattet, zugleich ein radikales Mittel, die »Gemütlichkeit« samt der Melancholie, mit der sie bezahlt wird, aus dem Haus zu vertreiben. Darinnen halten die Menschen das Dasein aus, weil sie durch ihre Lebensweise ihm entfremdet sind.

Der unmenschliche Charakter der Großstadt beginnt, ihnen bewußt zu werden. Maxime Du Camps Monumentalwerk »Paris«[22] verdankt diesem Bewußtsein die Entstehung. Die »Jérémiades d'un Haussmannisé«[23] geben ihm die Form einer biblischen Klage.

Und da wir einmal bei der Großstadt sind, soll auch ein Trostwort für die noch dastehen, die zwischen spiegelglatten Wänden in stählernen Möbeln hausen und ihr Dasein, ganz ohne Rücksicht auf den Festkalender, rationalisiert haben. Die mögen sich ihr Grammophon[24] oder ihre Schreibmaschine nur einmal aufmerksam angucken, dann werden sie sehen, daß sie auf kleinstem Raum an ihnen soviel Löcher und Verstecke haben als bewohnten sie eine Siebenzimmerwohnung im Makartstil[25].

Der wahre Zweck der Haussmannschen Arbeiten war die Sicherung der Stadt gegen den Bürgerkrieg. Er wollte die Errichtung von Barrikaden in Paris für alle Zukunft unmöglich machen. In solcher Absicht hatte schon Louis-Philippe Holzpflasterung eingeführt. Dennoch spielten die Barrikaden in der Februarrevolution eine Rolle. Engels beschäftigt sich mit der Taktik der Barrikadenkämpfe. Haussmann will sie auf doppelte Art unterbinden. Die Breite der Straßen soll ihre Errichtung unmöglich machen und neue Straßen sollen den kürzesten Weg zwischen den Kasernen und Arbeitervierteln herstellen.

Der Klassenkampf, der einem Historiker, der an Marx geschult ist, immer vor Augen steht, ist ein Kampf um die rohen und materiellen Dinge, ohne die es keine feinen und spirituellen gibt. Trotzdem sind diese letztern im Klassenkampf anders zugegen denn als die Vorstellung einer Beute, die an den Sieger fällt. Sie sind als Zuversicht, als Mut, als Humor, als List, als Unentwegtheit in diesem Kampf lebendig und sie wirken in die Ferne der Zeit zurück. Sie werden immer von neuem jeden Sieg, der den Herrschenden jemals zugefallen ist, in Frage stellen.

Die Zeitgenossen taufen das Unternehmen »L'embellissement stratégique«[26].

»Fais voir, en déjouant la ruse,
O république à ces pervers
Ta grande face de Méduse
Au milieu de rouges éclairs.«[27]

Chanson d'ouvriers vers 1850. (Adolf Stahr: Zwei Monate in Paris. Oldenburg 1851. II, p. 199.)

Die Barrikade ersteht in der Kommune[28] von neuem auf. Sie ist stärker und besser gesichert denn je.

Die Kommune fühlte sich durchaus als Erbin von 1793[29].

Sie [die Barrikade] zieht sich über die großen Boulevards, reicht oft bis in die Höhe des ersten Stocks und deckt hinter ihr befindliche Schützengräben. Wie das kommunistische Manifest die Epoche der Berufsverschwörer beendet, so macht die Kommune mit der Phantasmagorie ein Ende, die die Frühzeit des Proletariats beherrscht. Durch sie wird der Schein zerstreut, daß es Aufgabe der proletarischen Revolution sei, Hand in Hand mit der Bourgeoisie das Werk von 1789 zu vollenden. Diese Illusion beherrscht die Zeit von 1831 bis 1871, vom Lyoner Aufstand bis zur Kommune.

Die jeweils Herrschenden sind aber die Erben aller, die je gesiegt haben. Die Einfühlung in den Sieger kommt demnach den jeweils Herrschenden allemal zugut. Damit ist dem historischen Materialisten genug gesagt. Wer immer bis zu diesem Tage den Sieg davontrug, der marschiert mit in dem Triumphzug, der die heute Herrschenden über die dahinführt, die heute am Boden liegen. Die Beute wird, wie das immer so üblich war, im Triumphzug mitgeführt. Man bezeichnet sie als die Kulturgüter. Sie werden im historischen Materialisten mit einem distanzierten Betrachter zu rechnen haben. Denn was er an Kulturgütern überblickt, das ist ihm samt und sonders von einer Abkunft, die er nicht ohne Grauen bedenken kann. Es dankt sein Dasein nicht nur der Mühe der großen Genien[30], die es geschaffen haben, sondern auch der namenlosen Fron ihrer Zeitgenossen. Es ist niemals ein Dokument der Kultur, ohne zugleich ein solches der Barbarei zu sein. Und wie es selbst nicht frei ist von Barbarei, so ist es auch der Prozeß der Überlieferung nicht, in der es von dem einen an den andern gefallen ist.

In der Kommune tauchte das Projekt einer Borne Maudite[31] auf, die in der Ecke eines Platzes errichtet werden sollte, dessen Mitte von einem Ehrenmal eingenommen würde. Alle offiziellen Persönlichkeiten des zweiten Kaiserreiches finden sich (in dem Entwurf) auf ihr. Auch Haussmanns Name fehlt nicht. Eine »histoire infernale« des Regimes sollte auf diese Weise entstehen. Aber man gedachte bis auf Napoleon I zurückzugehen »le scélérat de Brumaire[32], – chef de cette Race maudite de bohémiens couronnés que nous a vomi la Corse, de cette lignée fatale de bâtards à ne s'y plus reconnaître.«[33] Das in Form einer Affiche[34] gedruckte Projekt ist vom 15. April 1871 datiert.

> Wir brauchen Historie, aber wir brauchen sie anders, als sie der verwöhnte Müßiggänger im Garten des Wissens braucht.
> *Nietzsche, Vom Nutzen und Nachteil der Historie für das Leben*

Das Subjekt historischer Erkenntnis ist die kämpfende, unterdrückte Klasse selbst. Bei Marx tritt sie als die letzte geknechtete, als die rächende Klasse auf, die das Werk der Befreiung im Namen von Generationen Geschlagener zu Ende führt.

Die Bourgeoisie hat nie diesen Irrtum geteilt. Ihr Kampf gegen die gesellschaftlichen Rechte des Proletariats beginnt schon in der großen Revolution und fällt mit der philanthropischen Bewegung zusammen, die ihn verdeckt und die unter Napoleon III. ihre bedeutendste Entfaltung erfährt. Unter ihm entsteht das Monumentalwerk der Richtung: Le Play's »Ouvriers européens«[35]. Neben der gedeckten Stellung der Philanthropie hat die Bourgeoisie jederzeit die offene des Klassenkampfes bezogen. Schon 1831 erkennt sie im »Journal des Débats«: »Jeder Fabrikant lebt in seiner Fabrik wie die Plantagenbesitzer unter ihren Sklaven.« Ist es das Unheil der alten Arbeiteraufstände, daß keine Theorie der Revolution ihnen den Weg weist, so ist es auf der andern Seite auch die Bedingung der unmittelbaren Kraft und des Enthusiasmus, mit dem sie die Herstellung einer neuen Gesellschaft in Angriff nehmen. Dieser Enthusiasmus, der seinen Höhepunkt in der Kommune erreicht, gewinnt der Arbeiterschaft zeitweise die besten Elemente der Bourgeoisie, führt sie aber dazu, am Ende ihren schlechtesten zu unterliegen. Rimbaud[36] und Courbet[37] bekennen sich zur Kommune. Der Brand von Paris[38] ist der würdige Abschluß von Haussmanns Zerstörungswerk.

Verschärfung der Klassengegensätze: die gesellschaftliche Ordnung als eine Leiter, bei der die Abstände zwischen den Sprossen von Jahr zu Jahr größer werden. Die unendliche Zahl vermittelnder Zwischenstufen zwischen Reichtum und Elend im Frankreich des vorigen Jahrhunderts.

> »Mein guter Vater war in Paris gewesen.«
> *Karl Gutzkow: Briefe aus Paris. Leipzig 1842. I, p. 58.*

Balzac hat als erster von den Ruinen der Bourgeoisie gesprochen.

Die Universalität Balzacs (und vielleicht des großen modernen französischen Romans überhaupt) beruht zu einem Teil darauf, daß der französische Geist in metaphysischen Fragen gleichsam nach Art einer analytischen Geometrie verfährt, d. h. er kennt eine Sphäre der prinzipiellen Lösbarkeit der Dinge aus einer Methode – welche die individuelle (gleichsam anschauliche) Tiefe der einzelnen Gegebenheiten nicht anvisagiert[39], sondern sie auf einem methodischen Wege, auf dem ihre Lösbarkeit schon feststeht, löst. Eine geometrische Aufgabe kann zu ihrer geometrischen Lösung Genie, zu ihrer analytischen nur Methode erfordern, *gelöst* ist sie gleichwohl in beiden Fällen. Diesem methodischen Verfahren in der Betrachtung der großen metaphysischen Wirklichkeiten dankt Balzacs œuvre die Universalität, und sie kann an andern (gleichsam geometrischen) Maßstäben gemessen als Nicht-Tiefe (das heißt *nicht*: Untiefe oder Oberflächlichkeit) erscheinen.

Aber erst der Surrealismus hat den Blick auf sie freigegeben.

Geistige Strömungen können ein Gefälle erreichen, scharf genug, daß der Kritiker seine Kraftstation an ihnen errichten kann. Solches Gefälle schafft für den Sürrealismus der Niveauunterschied Frankreich-Deutschland. Was da im Jahre 1919 in Frankreich im Kreise einiger Literaten – wir nennen gleich hier die wichtigsten Namen: André Breton, Louis Aragon, Philippe Soupault, Robert Desnos, Paul Eluard[40] – entsprungen ist, mag ein dünnes Bächlein gewesen sein, gespeist von der feuchten Langeweile des Nachkriegs-Europa und den letzten Rinnsalen der französischen Dekadenz. Die Neunmalweisen, die noch heute nicht über die »authentischen Ursprünge« der Bewegung hinauskommen, und auch noch heute nichts davon zu sagen wissen, als daß hier wieder einmal eine Clique von Literaten die ehrwürdige Öffentlichkeit mystifiziere, sind ein wenig wie eine Expertenversammlung, die an einer Quelle nach reichlicher Überlegung zur Überzeugung kommt, der kleine Bach da werde niemals Turbinen treiben.

Es ist hier nicht der Ort, die sürrealistische Erfahrung in ihrer ganzen Bestimmtheit zu umreißen. Wer aber erkannt hat, daß es in den Schriften dieses Kreises sich nicht um Literatur, sondern um anderes: Manifestation, Parole, Dokument, Bluff, Fälschung wenn man will, nur eben nicht um Literatur handelt, weiß damit auch, daß hier buchstäblich von Erfahrungen, nicht von Theorien, noch weniger von Phantasmen die Rede ist. Und diese Erfahrungen beschränken sich durchaus nicht auf den Traum, auf Stunden des Haschischessens oder des Opiumrauchens.

Für den Augenblick sind die Sürrealisten die einzigen, die seine heutige Order begriffen haben. Sie geben, Mann für Mann, ihr Mienenspiel in Tausch gegen das Zifferblatt eines Weckers, der jede Minute sechzig Sekunden lang anschlägt.

Weil aus den Trümmern großer Bauten die Idee von ihrem Bauplan eindrucksvoller spricht als aus geringen noch so wohl erhaltenen.

Die Entwicklung der Produktivkräfte legte die Wunschsymbole des vorigen Jahrhunderts in Trümmer noch ehe die sie darstellenden Monumente zerfallen waren. Diese Entwicklung hat im XIX. Jahrhundert die Gestaltungsformen von der Kunst emanzipiert wie im XVI. Jahrhundert sich die Wissenschaften von der Philosophie befreit haben.

Das Werden der Wissenschaft, das Werden der Kunst, das Werden des Staates und des Rechtes. Damit wurde uns die Religion des Geistes, aller Glaube an ihn genommen. Das war die falsche Romantik, daß wir in allem unendlich Einzelnen das Außerordentliche sehen sollten, anstatt es im Werden des Menschen, in der Geschichte der Humanität zu sehen.

Den Anfang macht die Architektur als Ingenieurkonstruktion. Es folgt die Naturwiedergabe als Photographie. Die Phantasieschöpfung bereitet sich vor, als Werbegraphik praktisch zu werden. Die Dichtung unterwirft sich im Feuilleton der Montage. Alle diese Produkte sind im Begriff, sich als Ware auf den Markt zu begeben. Aber sie zögern noch auf der Schwelle.

1791 kommt in Frankreich für die Offiziere der Befestigungs- und Belagerungskunst die Bezeichnung »ingénieur« auf. »Und zu derselben Zeit, in demselben Land begann der Gegensatz zwischen ›Konstruktion‹ und ›Architektur‹ sich bewußt und bald in persönlicher Schärfe zu äußern. Die gesamte Vergangenheit kannte ihn nicht ... In den ungemein zahlreichen kunsttheoretischen Erörterungen aber, welche die französische Kunst nach den Stürmen der Revolution wieder in geregelte Bahnen zurückbegleiteten, ... traten die ›constructeurs‹ den ›décorateurs‹ gegenüber, und sofort zeigte sich die weitere Frage, ob dann nicht auch die ›ingénieurs‹, als ihre Verbündeten, sozial ein eigenes Lager mit ihnen beziehen müßten.«[41]

Diese ersten reproduzierten Menschen traten in den Blickraum der Photographie unbescholten oder besser gesagt unbeschriftet. Noch waren Zeitungen Luxusgegenstände, die man selten käuflich erwarb, eher in Caféhäusern einsah, noch war das photographische Verfahren nicht zu ihrem Werkzeug geworden, noch sahen die wenigsten Menschen ihren Namen gedruckt. Das menschliche Antlitz hatte ein Schweigen um sich, in dem der Blick ruhte. Kurz, alle Möglichkeiten dieser Porträtkunst beruhen darauf, daß noch die Berührung zwischen Aktualität und Photo nicht eingetreten ist.

Der Journalismus ist Verrat am Literatentum, am Geist, am Dämon. Das Geschwätz ist seine wahre Substanz und jedes Feuilleton stellt von neuem die unlösbare Frage nach dem Kräfteverhältnis von Dummheit und von Bosheit, deren Ausdruck es ist. Es ist im Grunde die vollkommene Entsprechung dieser Daseinsformen: des Lebens unterm Zeichen bloßen Geistes oder bloßer Sexualität, die jene Solidarität des Literaten mit der Hure begründet, deren unverbrüchlichstes Zeugnis wiederum Baudelaires Existenz ist.

Dieser Epoche entstammen die Passagen und Interieurs, die Ausstellungshallen und Panoramen. Sie sind Rückstände einer Traumwelt. Die Verwertung der Traumelemente beim Erwachen ist der Schulfall des dialektischen Denkens. Daher ist das dialektische Denken das Organ des geschichtlichen Aufwachens.

Helden und Dichter sind ihnen eine Schar von überschönen Traumgestalten, an die sie sich klammern um nicht zu erwachen.

Es gibt eine Geschichtsauffassung, die im Vertrauen auf die Unendlichkeit der Zeit nur das Tempo der Menschen und Epochen unterscheidet, die schnell oder langsam auf der Bahn des Fortschrittes dahinrollen. Dem entspricht die Zusammenhanglosigkeit, der Mangel an Präzision und Strenge der Forderung, die sie an die Gegenwart stellt. [...] Die Elemente des Endzustandes liegen nicht als gestaltlose

Fortschrittstendenz zutage, sondern sind als gefährdetste, verrufenste und verlachte Schöpfungen und Gedanken tief in jeder Gegenwart eingebettet. Den immanenten Zustand der Vollkommenheit rein zum absoluten zu gestalten, ihn sichtbar und herrschend in der Gegenwart zu machen, ist die geschichtliche Aufgabe. Dieser Zustand ist aber nicht mit pragmatischer Schilderung von Einzelheiten (Institutionen, Sitten usw.) zu umschreiben, welcher er sich vielmehr entzieht, sondern er ist nur in seiner metaphysischen Struktur zu erfassen, wie das messianische Reich oder die französische Revolutionsidee.

Der Geschichtsverlauf, wie er sich unter dem Begriffe der Katastrophe darstellt, kann den Denkenden eigentlich nicht mehr in Anspruch nehmen als das Kaleidoskop[42] in der Kinderhand, dem bei jeder Drehung alles Geordnete zu neuer Ordnung zusammenstürzt. Das Bild hat sein gründliches, gutes Recht. Die Begriffe der Herrschenden sind allemal die Spiegel gewesen, dank deren das Bild einer »Ordnung« zustande kam. – Das Kaleidoskop muß zerschlagen werden.

Jede Epoche träumt ja nicht nur die nächste sondern träumend drängt sie auf das Erwachen hin. Sie trägt ihr Ende in sich und entfaltet es – wie schon Hegel[43] erkannt hat – mit List.

Ist dem so, dann besteht eine geheime Verabredung zwischen den gewesenen Geschlechtern und unserem. Dann sind wir auf der Erde erwartet worden. Dann ist uns wie jedem Geschlecht, das vor uns war, eine *schwache* messianische Kraft mitgegeben, an welche die Vergangenheit Anspruch hat.

Mit der Erschütterung der Warenwirtschaft beginnen wir, die Monumente der Bourgeoisie als Ruinen zu erkennen noch ehe sie zerfallen sind.

Die Tradition der Unterdrückten belehrt uns darüber, daß der ›Ausnahmezustand‹, in dem wir leben, die Regel ist. Wir müssen zu einem Begriff der Geschichte kommen, der dem entspricht. Dann wird uns als unsere Aufgabe die Herbeiführung des wirklichen Ausnahmezustands vor Augen stehen [...]. – Das Staunen darüber, daß die Dinge, die wir erleben, im zwanzigsten Jahrhundert ›noch‹ möglich sind, ist *kein* philosophisches. Es steht nicht am Anfang einer Erkenntnis, es sei denn der, daß die Vorstellung von Geschichte, aus der es stammt, nicht zu halten ist.

Der Vater des Surrealismus war Dada, seine Mutter war eine Passage. Dada war, als er ihre Bekanntschaft machte, schon alt. Ende 1919 verlegten Aragon und Breton aus Abneigung gegen Montparnasse und Montmartre ihre Zusammenkünfte mit Freunden in ein Café der Passage de l'Opéra. Der Durchbruch des Boulevard Haussmann hat ihr ein Ende gemacht. Louis Aragon hat über sie 135 Seiten geschrieben, in deren Quersumme sich die Neunzahl der Musen versteckt hält, die den kleinen Surrealismus mit ihren Geschenken begabt haben. Sie heißen: Luna, die Gräfin Geschwitz, Kate Greenaway, Mors, Cléo de Mérode, Dulcinea, Libido, Baby Cadum und Friederike Kempner[44]. (statt Gräfin Geschwitz: Tipse[45]?)

»Wir haben«, sagt der illustrierte Pariser Führer, ein vollständiges Gemälde der Seine-Stadt und ihrer Umgebungen vom Jahre 1852, »bei den inneren Boulevards wiederholt der Passagen gedacht, die dahin ausmünden. Diese Passagen, eine neuere Erfindung des industriellen Luxus, sind glasgedeckte marmorgetäfelte Gänge durch ganze Häusermassen, deren Besitzer sich zu solchen Spekulationen vereinigt haben. Zu beiden Seiten dieser Gänge, die ihr Licht von oben erhalten, laufen die elegantesten Warenläden hin, so daß eine solche Passage eine Stadt, eine Welt im kleinen ist, in der der Kauflustige alles finden wird, dessen er benötigt. Sie sind bei plötzlichen Regengüssen der Zufluchtsort aller Überraschten, denen sie eine gesicherte, wenn auch beengte Promenade gewähren, bei der die Verkäufer auch ihren Vorteil finden.« Die Kauflustigen sind dahin und die Überraschten. Regen wirbt ihnen nur die powere[46] Klientel ohne den imprägnierten Covercoat[47] oder Gummimantel. Das waren Räume für ein Geschlecht, das vom Wetter zu wenig wußte und sonntags, wenn es schneite, statt auf Skiern in den Wintergärten sich wärmte. Zu früh gekommenes Glas, zu frühes Eisen: das war ein und dieselbe Sippe, Passagen, Wintergärten mit der herrschaftlichen Palme und Bahnhofshallen, wo die falsche Orchidee »Abschied« mit ihren winkenden Blütenblättern gezüchtet wurde. Längst hat der Hangar sie eingelöst. Und heute steht es mit dem Menschenmaterial im Innern wie mit dem Baumaterial der Passagen. Zuhälter sind die eisernen Naturen dieser Straße und ihre gläsernen Spröden sind Huren. Hier war die letzte Unterkunft der Wunderkinder, die als Patentkoffer mit Innenbeleuchtung, als meterlanges Taschenmesser oder gesetzlich geschützter Schirmgriff mit

Uhr und Revolver auf Weltausstellungen das Tageslicht erblickten. Und neben den entarteten Riesengeschöpfen, die halbe, steckengebliebene Materie. Wir sind den schmalen dunklen Gang gegangen, bis zwischen einer librairie en solde[48], wo farbige verschnürte Konvolute von allen Formen des Konkurses reden, und einem Laden mit lauter Knöpfen (Perlmutt und solchen, die man in Paris de fantaisie[49] nennt) eine Art Wohnzimmer stand. Auf eine blaßbunte Tapete voll Bildern und Büsten schien eine Gaslampe[50]. Bei der las eine Alte. Die ist da wie seit Jahren allein und will Gebisse »in Gold, in Wachs und zerbrochen«. Seit diesem Tage wissen wir auch, woher der Doktor Mirakel das Wachs nahm, aus dem er die Olympia[51] verfertigt hat. Sie sind die wahren Feen dieser Passagen – käuflicher und gebrauchter als die lebensgroßen – die einst weltberühmten pariser Puppen, die auf dem singenden Sockel sich drehten und auf den Armen ein Körbchen hatten, aus dem in den werdenden Mollakkord ein Schäfchen die witternde Schnauze streckte.

Das alles ist die Passage in unsern Augen. Und nichts von alledem ist sie gewesen. Sie strahlten ins Paris der Empirezeit als Grotten. Wer 1817 die Passage des Panoramas betrat, dem sangen auf der einen Seite die Sirenen des Gaslichts, und gegenüber lockten als Ölflammen Odalisken[52]. Mit dem Aufblitzen der elektrischen Lichter verlosch das unbescholtene Leuchten in diesen Gängen, die plötzlich schwieriger zu finden waren, eine schwarze Magie der Tore betrieben, aus blinden Fenstern in ihr Inneres schauten. Das war kein Niedergang sondern der Umschlag. Mit einem Schlage waren sie die Hohlform, aus der das Bild der »Moderne« gegossen wurde. Hier spiegelte mit Süffisanz das Jahrhundert seine allerneueste Vergangenheit. Hier war das Altersheim der Wunderkinder …

Fluchtlinien 2

Nur *dem* Geschichtsschreiber wohnt die Gabe bei, im Vergangenen den Funken der Hoffnung anzufachen, der davon durchdrungen ist: auch die Toten werden vor dem Feind, wenn er siegt, nicht sicher sein. Und dieser Feind hat zu siegen nicht aufgehört.

Es gibt ein Bild von Klee[1], das Angelus Novus[2] heißt. Ein Engel ist darauf dargestellt, der aussieht, als wäre er im Begriff, sich von etwas zu entfernen, worauf er starrt. Seine Augen sind aufgerissen, sein Mund steht offen und seine Flügel sind ausgespannt. Der Engel der Geschichte muß so aussehen. Er hat das Antlitz der Vergangenheit zugewendet. Wo eine Kette von Begebenheiten vor *uns* erscheint, da sieht *er* eine einzige Katastrophe, die unablässig Trümmer auf Trümmer häuft und sie ihm vor die Füße schleudert. Er möchte wohl verweilen, die Toten wecken und das Zerschlagene zusammenfügen. Aber ein Sturm weht vom Paradiese her, der sich in seinen Flügeln verfangen hat und so stark ist, daß der Engel sie nicht mehr schließen kann. Dieser Sturm treibt ihn unaufhaltsam in die Zukunft, der er den Rücken kehrt, während der Trümmerhaufen vor ihm zum Himmel wächst. Das, was wir den Fortschritt nennen, ist *dieser* Sturm.

Paul Klee, *Angelus Novus* (1920)

Zu dieser Ausgabe

Textgrundlage dieser Anthologie ist die Ausgabe:

Walter Benjamin: Gesammelte Schriften. Unter Mitw. von Theodor W. Adorno und Gershom Scholem hrsg. von Rolf Tiedemann und Hermann Schweppenhäuser. Frankfurt a. M. 1991 ff. [Zit. als GS.]

Die Briefzitate aus dem Nachwort stammen aus:

Walter Benjamin: Briefe. 2 Bde. Hrsg. und mit Anm. von Gershom Scholem und Theodor W. Adorno. Frankfurt a. M. 1978. [Zit. als B.]

Walter Benjamin: Gesammelte Briefe. 6 Bde. Frankfurt a. M. 2000. [Zit. als GB.]

Der Aufbau orientiert sich an Benjamins Exposé im *Passagen-Werk* (GS V. 1, 45–59) und übernimmt das dort Diskutierte als Orientierungspunkte für eine Textcollage (vgl. hier S. 115). Als eine Klammer wurden Benjamins Thesen *Über den Begriff der Geschichte* verstanden (GS I.2, 690–708).

Die Übersetzungen in den Kommentaren stammen, wenn nicht anders angegeben, von der Herausgeberin.

Angegeben ist im Folgenden für jedes Textstück jeweils das Werk, aus dem das Zitat stammt (abgekürzt mit den genannten Siglen), sowie Band- und Seitenzahl. Typographische Besonderheiten, wie etwa zur Hervorhebung kursiv gesetzter Textteile, wurden beibehalten.

Fluchtlinien 1

7 GS I.2, 701 | 7 GS V.1, 575 | 7 GS V.1, 574 | 8 GS II.1, 301.

I. Fourier oder die Passagen

9 GS V.1, 45 | 10 GS V.1, 45 | 10 GS I.2, 557 | 10 GS V.2, 1034 | 10 GS V.1, 45 | 11 GS I.2, 552 f. | 11 GS V.2, 1001 f. | 12 GS V.1, 45 | 12 GS II.1, 289 | 12 GS V.1, 45 f. | 13 GS II.2, 737 | 13 GS V.1, 470 | 13 GS V.1, 46 | 13 GS V.1, 217 | 14 GS V.1, 46 | 14 GS II.1, 217 | 15 GS V.1, 217 f. | 15 GS V.1, 46 f. | 15 GS I.2, 693 f. | 16 GS V.1, 47 | 16 GS V.1, 135 | 17 GS V.1, 576 | 17 GS I.2, 439 | 17 GS V.1, 47 | 17 GS I.1, 13 f. | 17 GS V.1, 47 | 18 GS I.2, 699 | 18 GS V.1,47 | 19 GS I.1, 369.

II. Daguerre oder die Panoramen

20 GS V.1, 48 | 20 GSV.2, 667 | 20 GS IV.1, 240 | 21 GS V.1, 48 | 21 GS I.2, 528 | 22 GS V.1, 560 | 23 GS V.1, 48 f. | 23 GS II.1, 369 f. | 24 GS V.1, 49 | 25 GS II.1, 369 | 25 GS V.1, 49 | 26 GS II.1, 383.

III. Grandville oder die Weltausstellungen

28 GS V.1, 50 | 28 GS II.2, 475 | 29 GS V.1, 50 | 29 GS II.2, 475 | 30 GS V.1, 50 f. | 30 GS II.2, 436 | 30 GS I.2, 696 | 30 GS V.1, 51 | 31 GS I.3, 1043 f. | 31 GS V.1, 584 | 32 GS V.1, 51 | 32 GS V.1, 130 | 32 GS V.1, 488 | 33 GS V.1, 51 | 33 GS V.1, 448 | 33 GS V.1, 51 | 33 GS V.1, 494 | 33 GS V.1, 51 f. | 34 GS II.1, 356 | 34 GS II.2, 1506.

IV. Louis-Philippe oder das Interieur

35 GS V.1, 52 | 35 GS II.1, 355 f. | 35 GS V.1, 52 | 36 GS I.2, 550 | 36 GS V.1, 52 f. | 36 GS I.2, 681 | 36 GS V.1, 53 | 37 GS IV.1, 147 | 38 GS V.1, 53 | 38 GS I.2, 522 | 38 GS IV.1, 324 | 39 GS IV.1, 390 | 39 GS V.1, 53 | 39 GS IV.1, 427 f. | 40 GS V.1, 560 | 40 GS V.1, 53.

V. Baudelaire der die Straßen von Paris

41 GS V.1, 54 | 41 GS I.2, 663 | 41 GS I.2, 689 | 41 GS I.2, 676 | 41 GS V.1, 54 | 42 GS II.1, 329 | 42 GS I.2, 676 | 42 GS V.1, 54 | 42 GS I.2, 541 | 43 GS V.1, 54 | 43 GS I.2, 542 | 43 GS V.1, 54 | 44 GS I.2, 676 | 44 GS V.1, 54 | 44 GS I.2, 694 | 45 GS V.1, 54 | 45 GS V.1, 55 | 45 GS I.2, 577 | 45 GS V.1, 437 | 45 GS V.1, 55 | 45 GS V.1, 437 | 46 GS V.1, 432 f. | 46 GS V.1, 55 | 46 GS I.2, 539 | 47 GS V.1, 55 | 47 GS V.1, 578 | 48 GS I.2, 695 | 48 GS V.1, 55 f. | 49 GS V.1, 422 | 49 GS II.1, 301 | 50 GS V.1, 56.

VI. Haussmann oder die Barrikaden

51 GS V.1, 56 | 51 GS I.2, 504 | 52 GS IV.1, 568 | 52 GS I.2, 698 | 52 GS I.2, 701 | 52 GS V.2, 678 f. | 53 GS V.1, 591 | 53 GS V.1, 56 | 53 GS V.2, 1062 | 53 GS V.1, 56 f. | 53 GS I.2, 634 | 54 GS V.2, 962 | 54 GS V.1, 57 | 54 GS IV.1, 146 | 54 GS V.1, 57 | 54 GS V.2, 1033 | 54 GS V.1, 57 | 55 GS V.1, 353 | 55 GS V.1, 57 | 55 GS IV.1, 328 | 56 GS V.1, 57 | 56 GS IV.1, 400 | 56 GS V.1, 57 | 56 GS I.2, 694 | 57 GS V.1, 57 | 57 GS V.1, 58 | 57 GS V.2, 950 | 57 GS V.1, 58 | 58 GS I.2, 696 | 58 GS V.2, 951 | 59 GS I.2, 700 | 59 GS V.1, 58 | 60 GS V.2, 1033 | 60 GS V.1, 59 | 60 GS II.2, 602 | 61 GS V.1, 59 | 61 GS II.1, 295 | 61 GS II.1, 297 | 62 GS II.1, 310 | 62 GS I.1, 409 | 62 GS V.1, 59 | 62 GS II.1, 44 | 63 GS V.1, 59 | 63 GS V.1, 218 f. | 63 GS II.1, 372 f. | 64 GS II.1, 352 | 64 GS V.1, 59 | 64 GS II.1, 47 | 64 GS II.1, 75 | 65 GS I.2, 660 | 65 GS V.1, 59 | 65 GS I.2, 694 | 66 GS V.1, 59 | 66 GS I.2, 697 | 66 GS V.1, 133 | 67 GS I.3, 1045 f. | 67 GS V.2, 1045 f.

Fluchtlinien 2

70 GS I.2, 695 | 70 GS I.2, 697 f.

Anmerkungen

Fluchtlinien 1

1 *Robespierre:* Maximilien de Robespierre (1758–1794), führender Politiker der Jakobiner während der Französischen Revolution, Begründer der Schreckensherrschaft (»La Terreur«), starb selbst unter der Guillotine.
2 *inventarisieren:* in einem Verzeichnis geordnet notieren (der Begriff ›Inventar‹ ist für Benjamin grundlegend).

I. Fourier oder die Passagen

1 *De ces palais ... rivale des arts:* »Die bezaubernden Säulen dieser Paläste / Zeigen dem Liebhaber in allen Teilen, / Durch die Gegenstände, die ihre Hallen zur Schau stellen, / Dass die Industrie die Rivalin der Künste ist.«
2 *magasins de nouveautés:* ›Geschäfte bzw. Boutiquen für Neuheiten‹, in denen, oft auf mehreren Etagen, eine große Auswahl an meist exquisiten Gütern angeboten wurde.
3 *Flaneur:* Spaziergänger, der zu jeder Tages- und Nachtzeit planlos umherstreift und beiläufig alles beobachtet – eine literarische Figur, oft im Zusammenhang mit Großstädten. Für Benjamin ist der Charakter des Flaneurs eng mit dem französischen Dichter Charles Baudelaire (1821–1867) verbunden.
4 *Balzac:* Honoré de Balzac (1799–1850), einer der drei großen Realisten der französischen Literatur, berühmter Vielschreiber (allein sein Hauptwerk *La Comédie humaine* umfasst 88 Bände). Walter Benjamin übersetzte Balzacs Roman *Ursule Mirouët* (1841).
5 *Le grand poème ... Saint-Denis:* »Das Epos der Auslage lässt seine Farben von [der Kirche] La Madeleine bis zur Porte Saint-Denis erklingen.« (Honoré de Balzac, »Histoire et physiologie des boulevards de Paris«, in: George Sand / H. d. B. / Eugène Sue [u. a.], *Le Diable à Paris*, Paris 1846, Bd. 2, S. 91.)

6 *Boetticher:* Karl Bötticher (1806–1889), deutscher Architekt, Archäologe und Kunsthistoriker.

7 *Chalets:* aus Holz gebaute Hütten mit Dachvorstand, ursprünglich lediglich zum Schutz vor Wetter errichtet.

8 *Merkantilismus:* Form der Wirtschaftspolitik, die sich vor allem auf den Außenhandel und die Stärkung der landeseigenen Industrie in Abgrenzung gegen das Ausland konzentriert.

9 *Alb:* In der nordischen Mythologie gelten Elfen (Alben) als verantwortlich für Träume – vor allem schlimme Träume (als ob ein Alb einem auf der Brust sitzen würde, vgl. das berühmte Gemälde »Nachtmahr« von Johann Heinrich Füssli, 1741–1825).

10 *Ecole Polytechnique:* Elitehochschule für das Ingenieurstudium.

11 *Ecole des Beaux-Arts:* Hochschule der Künste, an der bis 1968 auch Architektur gelehrt wurde.

12 *Das wurde ihr Unheil ... falsch geworden:* Benjamin weist auf folgende Quelle hin: Sigfried Giedion, Bauen in Frankreich, Leipzig/Berlin 1928, S. 16. Er zitiert dabei wohl aus dem Gedächtnis. Korrekt ist: »Die Konstruktion hat im 19. Jahrhundert die Rolle des Unterbewußtseins.« Siegfried Giedion, *Bauen in Frankreich, Bauen in Eisen, Bauen in Eisenbeton*, Berlin [o. J. (1928)], S. 3.

13 *transitorischen:* den Übergang betreffendend.

14 *Scheerbart:* Paul Scheerbart (1863–1915), deutscher Autor, auch phantastischer Literatur. Seine Aufsätze über Glasarchitektur waren ausgesprochen einflussreich.

15 *Loos:* Adolf Loos (1870–1933), Architekt und Architekturkritiker, einer der Wegbereiter der modernen Architektur.

16 *Le Corbusier:* Charles-Édouard Jeanneret-Gris (1887–1965), einer der einflussreichsten Städteplaner und Architekten, dessen Werk bis heute umstritten ist.

17 *Aura:* einer der Kernbegriffe Benjamins: »[W]as im Zeitalter der technischen Reproduzierbarkeit des Kunstwerks verkümmert, das ist seine Aura. Der Vorgang ist symptomatisch; seine Bedeutung weist über den Bereich der Kunst hinaus. Die Reproduktionstechnik, so ließe sich allgemein formulieren, löst das Reproduzierte aus dem Bereich der Tradition ab. Indem sie die Reproduktion vervielfäl-

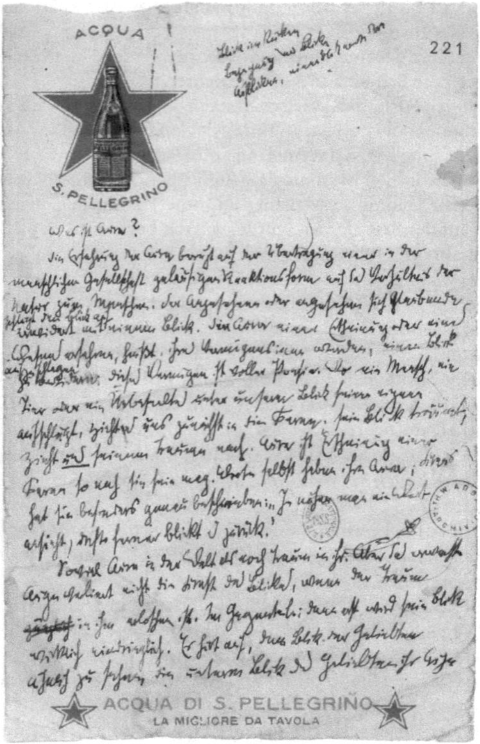
ACQUA
S. PELLEGRINO
221
ACQUA DI S. PELLEGRINO
LA MIGLIORE DA TAVOLA

Walter Benjamin, Was ist Aura? Entwurf zur Fortsetzung von *Das Kunstwerk im Zeitalter seiner technischen Reproduzierbarkeit*, zwischen 1936 und 1939, WBA 264/2, Akademie der Künste, Berlin / Hamburger Stiftung zur Förderung von Wissenschaft und Kultur

tigt, setzt sie an die Stelle seines einmaligen Vorkommens sein massenweises. Und indem sie der Reproduktion erlaubt, dem Aufnehmenden in seiner jeweiligen Situation entgegenzukommen, aktualisiert sie das Reproduzierte.« (Walter Benjamin, *Das Kunstwerk im Zeitalter seiner technische Reproduzierbarkeit*, Stuttgart 2011, S. 15 f.)

18 *André Gide:* 1869–1951, französischer Schriftsteller, Nobelpreisträger, sein Werk ist seit 1952 auf dem Index der Katholischen Kirche.

19 *Chaque époque ... Avenir!:* Jede Epoche erträumt die (nach)folgende. / Michelet: Zukunft! Zukunft!

20 *Index:* Verzeichnis (vgl. hierzu S. 117).

21 *Depot:* hier im Wortsinne: Lager.

22 *Fourierschen Utopie:* Charles Fourier (1772–1837), französischer Frühsozialist (und erklärter Antisemit), scharfer Kritiker der Auswüchse des Frühkapitalismus.

23 *phalanstère:* Der Sozialutopist und Kapitalismuskritiker Fourier (s. Anm. 22) entwarf mit dem *phalanstère* eine utopische Form des Zusammenlebens für 500 bis 2000 Personen in einer Art Wohn- und Wirtschaftsgemeinschaft. *phalanstère* ist dabei ein Kunstbegriff, gebildet aus der geschlossenen Schlachtformation Phalanx (*phalange*) und dem Begriff für Klosteranlage (*monastère*).

24 *passions mécanistes:* mechanische Leidenschaften.

25 *passion cabaliste:* Intrigen- und Streitlust.

26 *Dietzgen:* Peter Josef Dietzgen (1828–1888), deutscher Journalist, prägende Figur der Arbeiterbewegung.

27 *Zola:* Émile Zola (1840–1902), Autor, Maler und Journalist, Begründer des französischen Naturalismus.

28 *Travail:* Der zweite Text der vier Romane *Quatre Evangile* Zolas, der frühsozialistisches Denken in Form einer Utopie vorwegnimmt.

29 *Thérèse Raquin:* Roman über den Mord der Titelheldin, einer kleinen Näherin, an ihrem Ehemann; bedeutete den literarischen Durchbruch für Zola. Ort der Handlung ist die 1912 abgerissene Passage du Pont-Neuf, womit Zola sie unsterblich gemacht hat.

30 *Carl Grün:* Karl Grün (1817–1877), deutscher Journalist und linksdemokratischer Politiker, floh vor Verfolgung wegen seiner radikalen Ideen aus Deutschland, erst 1861 amnestiert.

31 *Levana: Levana oder Erziehlehre* ist der Titel einer 1807 von Jean Paul Friedrich Richter (1763–1825) erschienenen, weitverbreiteten pädagogischen Schrift, die die Idee einer »heilenden Erziehung« entwickelt: »aber mit dem Erziehen säen wir auf einen reinen weichen Boden entweder Gift- oder Honigkelche; und wie die Götter zu den ersten Menschen, so steigen wir (physisch und geistig den Kindern Riesen) zu den Kleinen herab und ziehen sie groß oder – klein« (Jean Paul, *Levana oder Erziehlehre*, Braunschweig 1807, S. 15, 22 f.).

32 *Reyen:* Meist in Alexandrinern verfasste Chöre im barocken Trauerspiel, die einen Akt beendeten und den düsteren oder ernsten Inhalt des Dramas an das Publikum vermitteln sollten.

II. Daguerre oder die Panoramen

1 *Soleil, prends garde à toi!:* »Sonne, pass auf dich auf!«

2 *»Cabinet des Mirages« im Museé Grévin:* Wachsfigurenkabinett mit dem berühmten »Palais des Mirages«, einem effektvoll ausgeleuchteten Spiegelkabinett, das den Eindruck erweckt, man befinde sich in unzähligen Sälen, liegt in Paris im 9. Arrondissement.

3 *Daguerre sein Panorama:* Louis Jacques Mandé Daguerre (1787–1851), französischer Maler, erfand die erste kommerziell verwertbare Form der Fotografie; war ein Meister im Malen von Panoramen, d. h. Dekorationen bzw. Bühnenbildern.

4 *Korsos:* langsame Durchfahrten durch Hauptstraßen.

5 *Kaiserpanorama:* von dem Physiker August Fuhrmann (1844–1925) entwickelte Form der Massenunterhaltung: In einem Kreis um einen Apparat sitzen bis zu 25 Personen und beobachten stereoskopische Bilderserien durch ein Guckloch (etwa berühmte Reiseziele und Landschaften).

6 *Veduten:* naturgetreue Darstellungen von Landschaften oder Stadtbildern (etwa in Gemälden).

7 *David:* Jacques-Louis David (1748–1825), französischer Historienmaler des Klassizismus.

8 *Le livre … La grande ville: Paris, ou Le Livre des Cent-et-un*, Serientitel, 15 Bde, Paris 1831–34; *Les Français peints par eux-mêmes. Encyclopédie morale du dix-neuvième siècle*, 9 Bde, 1840–42 (Zeichnungen in der Tradition der Physiognomiker); *Le Diable à Paris*, 2 Bde. 1845/46 (Abbildungen mit erdachter Rahmenhandlung, in der ein Teufel für König Satan das Leben in Paris beschreiben soll); Paul de Kock, La Grande Ville. Nouveau tableau de Paris, 1844.

9 *Girardin:* Émile de Girardin (1806–1881), erfolgreicher Verleger, der u. a. die Zeitschriften *Le Voleur*, *La Mode* und (nach der Julirevolution) das *Journal des connaissances utiles* und den *Musée des familles* sowie 1836 die erste industriell hergestellte Tageszeitung *La Presse* gründete. Girardin nutzte sein Medienimperium zu politischen und ideologischen Zwecken. Zu seinen Autoren zählte auch Honoré de Balzac.

10 *Fond:* (Hinter-)Grund.

11 *Julirevolution:* von 1830, eine Reaktion auf die reaktionäre Politik von Charles X. bzw. auf dessen Restaurationsbestrebungen, den Adel wieder an die Macht zu bringen.

12 *Ubiquität:* Allgegenwart.

13 *Prévost:* Antoine-François Prévost d'Exiles (1697–1763), französischer Autor, heute nur noch bekannt für seinen kurzen Roman *Manon Lescaut* (1731).

14 *corpus der ägyptischen Hieroglyphen:* Die Hieroglyphenschrift wurde erst 1822 durch Jean-François Champollion (1790–1832) entziffert.

15 25 *Goldfrank:* eigentlich *franc germinal* (benannt nach dem Datum der Einführung, dem 7. *germinal* im Jahr XI nach dem Revolutionskalender, also dem 28. März 1803). Gültige Währung Frankreichs bis 1928. »Franc d'or« oder Goldfrank war lediglich die Bezeichnung für 20 und 40 Francstücke, die 290.034 mg Feingold enthielten. Der heutige Wert entspricht etwa 65 Euro.

16 *Nadars:* Nadar (d. i. Gaspard-Félix Tournachon, 1820–1910), französischer Luftschiffer und Fotograf.

17 *Wiertz:* Antoine Joseph Wiertz (1806–1865), belgischer Kupferstecher und Maler der Romantik, der zudem eine Reihe theoretischer Betrachtungen, vornehmlich zu Fragen der Ästhetik, hinterließ. Vgl. »La Photographie« in: A. J. W., *Oeuvres littéraires,* Brüssel 1869, S. 309 ff.

18 *Domäne:* Herrschaftsgebiet.

19 *ausbot:* österr.: anbot.

20 *Schmock:* eigentlich jiddische Bezeichnung für einen Tölpel oder unangenehmen Menschen, hier allgemeiner: unerfreuliche Richtung.

21 *Fetisch:* Glaubenssache, Götze.

III. Grandville oder die Weltausstellungen

1 *Grandville:* d. i. Jean Ignace Isidore Gérard (1803–1847), französischer Lithograf, Maler und Zeichner, berühmt für seine Mischwesen bzw. menschenförmigen Pflanzen- und Tierwesen.

2 *Saint-Simon:* Henri de Saint-Simon (1760–1825), einer der bedeutendsten Vertreter der französischen Restauration, vertrat die These, dass nur die Güter und Dienstleistungen produzierenden Mitglieder einer Gesellschaft dieser Gesellschaft nützen; er gilt als Vordenker des utopischen Sozialismus.

3 *Oui, quand le monde ... aux navets:* »Ja, wenn die ganze Welt, von Paris bis nach China, / Deiner Lehre folgt, O göttlicher Saint-Simon, / Wird das goldene Zeitalter in all seinem Glanz wieder aufleben, / Die Ströme werden Tee und heiße Schokolade führen; / Geröstete Schafe werden auf den Weiden grasen, / Und in der Seine wird ›Hecht blau‹ schwimmen; / Der Spinat sprießt als Frikassee aus dem Boden, / Umgeben von zerstoßenen Croutons; / An den Bäumen wächst Apfelkompott, / Und man wird Reitröcke und Stiefel ernten; / Es wird Wein schneien und Hühner regnen, / Und Enten mit Rübchen werden aus dem Himmel fallen.«

4 *L'Europe ... marchandises:* »Europa reist, um Waren zu sehen.« Das Zitat stammt eigentlich von Ernest Renan (1823–1892), der in

seinen *Essais de morale et de critique* (Paris 1859) die Weltausstellung mit antiken griechischen Ereignissen, z. B. den Olympischen Spielen, vergleicht. Der Weltausstellung fehlt in seinen Augen jedoch das Moment der Dichtung.

5 *Taine:* Hippolyte Tayne (1828–1893), französischer Historiker und einflussreicher Kritiker.

6 *Marsfelde:* Gemeint ist der Parc du Champ de Mars, eine parkähnliche Grünfläche im Zentrum von Paris, die zunächst als Exerzierplatz angelegt wurde und an deren nordwestlichem Ende seit der Weltausstellung von 1889 der Eiffelturm steht.

7 *Chaptals:* Jean-Antoine Chaptal, Comte de Chanteloup (1756–1832), Innenminister unter Napoleon Bonaparte, Chemiker.

8 *Chevalier:* Michel Chevalier (1806–1879), französischer Ökonom, Mitorganisator der Weltausstellung in Paris 1868.

9 *Efantin:* Barthélemy Prosper Enfantin (1796–1864), französischer Sozialist, Hauptvertreter der Saint-Simonisten.

10 *Ludwig Pfau:* 1821–1894, Schriftsteller und Publizist, seit 1848 Herausgeber der Satirezeitschrift *Der Eulenspiegel*, floh 1852 aus Deutschland nach Paris, amnestiert 1863.

11 *Phantasmagorie:* Zusammengesetztes Wort aus dem Altgriechischen φάντασμα (*phántasma* ›Trugbild, Geist‹) und ἀγορά (*agorá* ›Versammlung(-splatz)‹) resp. ἀγορεύω (*agoreúō* ›öffentlich reden‹). Wortwörtlich also das Darstellen von Trugbildern oder Geistern vor Publikum, häufig durch Lichteffekte, das sich bis in die Antike zurückverfolgen lässt und sich in Europa im 18. und vor allem 19. Jahrhundert großer Beliebtheit erfreute. Benjamin verwendet den Begriff aber vor allem als Umschreibung eines (gesellschaftlichen und politischen) Trugbilds oder einer Illusion.

12 *Apotheose:* Vergöttlichung, Verklärung.

13 *Toussenel:* Alphonse Toussenel (1803–1885), französischer Schriftsteller, erklärter Antisemit, Chefredakteur der Zeitschrift *La Paix*, verfasste Tierbücher, in denen Tiere als Verkörperungen menschlicher Leidenschaften auftreten.

14 *Antiaphrodisiacum:* eigentlich: Wirkstoff nicht zur Steigerung, sondern zur Senkung der Libido bzw. des sexuellen Verlangens, hier: das Abtörnendste überhaupt.

15 *Victor Hugo:* 1802–1885, französischer Schriftsteller (*Notre Dame de Paris*) und Politiker, verfasste den Essay »L'idée de l'Europe«.
16 *rêve parisien:* ›Pariser Traum‹, Gedicht von Charles Baudelaire aus den *Fleurs du Mal*, das, als vorletztes Gedicht der »Tableaux parisiens«, den Übergang von der Welt der Nacht zu der des Tages markiert, dem Übergang von einer erträumten Idylle zur enttäuschenden und ärmlichen Realität.

IV. Louis-Philippe oder das Interieur

1 *La tête … Une martyre:* Ausschnitt aus Baudelaires Gedicht »Une Martyre«: »das Haupt … auf dem Nachttisch wie Ranunkeln auf dem Teich«; skandalträchtiger Text über die »Zeichnung eines unbekannten Meisters« eines abgeschnittenen Frauenkopfes (Charles Baudelaire, *Les Fleurs du Mal. Die Blumen des Bösen*, frz./dt., übers. von Monika Fahrenbach-Wachendorff, Stuttgart 2014, S. 322–327).
2 *Guizot:* François Pierre Guillaume Guizot (1787–1874), französischer Politiker und Schriftsteller, Verteidiger einer gemäßigten Monarchie.
3 *Louis-Philippes:* Louis-Philippe I. (1773–1850), in der sogenannten Julimonarchie von 1830 bis 1848 französischer König (genannt der »Bürgerkönig«, also durch die Bürger, nicht vom Adel legitimiert).
4 *Van de Velde:* Henry Clement van de Velde (1863–1957), belgisch-flämischer Architekt und Designer.
5 *Signatur:* persönliche Unterschrift des Malers auf einem Gemälde, die seine Authentizität ausmacht.
6 *mediumistischen:* eine mediumistische Psychose ist eine Störung nicht organischen Ursprungs, die mit akustischen oder visuellen Halluzinationen einhergeht.
7 *Baumeister Solneß:* Theaterstück von Henrik Ibsen (1828–1906) aus dem Jahr 1892 um einen scheinbar gewissenlosen Bauunternehmer, der mit einer alten Schuld nicht fertig wird und versucht, sich durch Baukunst von dieser zu befreien, jedoch scheitert und Suizid begeht.

8 *das Brautlager in ein Blutmeer:* Brautlager: Entjungferung, bei der vergleichsweise wenig Blut fließt.

9 *Je crois ... la Chose:* »Ich glaube ..., an meine Seele: das Ding.«

10 *Sisyphosaufgabe:* Sisyphos: Figur aus der griechischen Mythologie, die als Strafe einen Felsen einen Berg hinaufrollen muss, der, nachdem Sisyphos oben angekommen ist, wieder herunterrollt und alles von vorne beginnen lässt; eine Sisyphosaufgabe ist also eine unlösbare, endlos andauernde Aufgabe.

11 *Bohème:* von frz. *Bohémien*, ursprünglich als abwertende Bezeichnung für die (ab dem 15. Jahrhundert) aus Böhmen zugewanderten Roma. Im Zuge der Romantik etablierte sich der Begriff als Bezeichnung für eine gezielt gegen bürgerliche Konventionen verstoßende und daher in Armut lebende Gruppe, zumeist von Künstlern und Intellektuellen, die in Teilen im Bürgertum verwurzelt sind. Der Begriff ist wohl darauf zurückzuführen, dass viele Künstler und Schriftsteller während des 19. Jahrhunderts in die bis dahin vor allem von Roma bewohnten Stadtteile von Paris zogen. Dass Benjamin hier den Kontext von »Bohème« und »Lumpensammler« aufruft, dürfte seiner Lektüre von Marx' Aufsatz »Der achtzehnte Brumaire des Louis Bonaparte« (1852) zuzuschreiben sein, in dem Marx notiert: »Literaten, Orgeldreher, Lumpensammler, Scherenschleifer, Kesselflicker, Bettler, kurz, die ganze unbestimmte, aufgelöste, hin- und hergeworfene Masse, die die Franzosen la bohème nennen« (Karl Marx, »Der achtzehnte Brumaire des Louis Bonaparte«, in: K. M. / Friedrich Engels, *Werke*, Bd. 8, Berlin 1960, S. 159–175, hier S. 161). Vgl. dazu auch Anm. 32 und 33, Kap. VI.

12 *Poe:* Edgar Allan Poe (1809–1849), gilt aufgrund einiger Kurzgeschichten um den Titelhelden Auguste Dupin (*The Murders in the Rue Morgue, The Purloined Letter*) als Erfinder der Kriminalgeschichte und Schöpfer der Figur des Meisterdetektivs.

13 *Verwisch die Spuren:* Gedicht von Bertolt Brecht (1898–1956): »Trenne dich von deinen Kameraden auf dem Bahnhof / Gehe am Morgen in die Stadt mit zugeknöpfter Jacke / Suche dir Quartier, und wenn dein Kamerad anklopft: / Öffne, oh, öffne die Tür nicht / Sondern / Verwisch die Spuren!«.

14 *Spur von seinen Erdetagen:* Zitat aus Goethes *Faust II*, 5. Akt, Vers 11542 ff.: Faust lässt, so glaubt er, Sklaven schuften, um Land zu gewinnen, doch Mephisto weiß um die Vergeblichkeit der Bemühungen, denn er hat den Auftrag gegeben, Fausts Grab auszuheben: Fausts begeisterten Ausruf »Es kann die Spur von meinen Erdetagen / Nicht in Äonen untergehn. – / Im Vorgefühl von solchem hohen Glück / Genieß ich jetzt den höchsten Augenblick.« kommentiert Mephisto trocken beiseite: »Du bist doch nur für uns bemüht /... Und auf Vernichtung läuft's hinaus«. Johann Wolfgang Goethe, *Faust. Der Tragödie Zweiter Teil*, Stuttgart 1986 [u. ö.], S. 202–204.

15 *Verbrecher der ersten Detektivromane ... bürgerliche Privatleute:* s. Anm. 12.

V. Baudelaire oder die Straßen von Paris

1 *Tout ... allégorie:* »Mir wird alles Allegorie.«

2 *Melanchton Melencolia illa heroica:* Philipp Melanchthon (1497–1560), deutscher Theologe, Philologe, Astrologe, neben Luther eine der treibenden Kräfte der Reformation. In seinem *Ursprung des deutschen Trauerspiels* (1925) führt Benjamin aus: »Die erhabene Melancholie, Melencolia ›illa heroica‹ des Marsilius Ficinus, des Melanchthon [Anm. Benjamins: ›Philippus Melanchthon: De anima. Vitebergae 1548. fol. 82r, zitiert nach Warburg l. c. S. 61.‹], galt es von der gemeinen und verderblichen [Sichtweise der Melancholie als Krankheit] abzulösen. Zu einer präzisen Diätetik [Lehre von der richtigen Ernährung] des Leibes und der Seele tritt der astrologische Zauber« (GS I.1, S. 329).

3 *Ingenium:* besondere schöpferische Begabung.

4 *J'ai plus de ... mille ans:* »Ich habe mehr Erinnerungen, als wenn ich 1000 Jahre alt wäre.«

5 *seiner passio:* seines Leidensweges.

6 *Physiologien:* äußere Erscheinungsweisen.

7 *tonischer:* angespannter (vgl. den Begriff ›Muskeltonus‹).

8 *Physiognomiker:* diejenigen, die an die Ablesbarkeit von Charak-

ter und Intelligenz nur aufgrund äußerer Merkmale eines Menschen glaubten.

9 *Engels:* Friedrich Engels (1820–1895), s. Anm. zu 10.

10 *Das kommunistische Manifest:* eine der einflussreichsten politischen Schriften überhaupt, verfasst von Karl Marx (1818–1883) und Friedrich Engels (1820–1895), das mit dem berühmten Satz beginnt: »Ein Gespenst geht um in Europa – das Gespenst des Kommunismus. Alle Mächte des alten Europa haben sich zu einer heiligen Hetzjagd gegen dies Gespenst verbündet, der Papst und der Zar, Metternich und Guizot, französische Radikale und deutsche Polizisten.« (K. M. / F. E., *Manifest der Kommunistischen Partei*, Stuttgart 2014, S. 35.)

11 *citation à l'ordre du jour:* (ehrenvolle) Erwähnung im Tagesbefehl; im Militär eine Auszeichnung.

12 *chthonischen:* der Erde zugehörenden.

13 *Spleen et Idéal:* Überschrift des ersten Teils von Baudelaires *Les Fleurs du Mal* (vgl. Anm. zu 15).

14 *George:* Stefan George (1868–1933) übersetzte Baudelaires *Les Fleurs du Mal*, 1901 erschien *Die Blumen des Bösen – Umdichtungen.*

15 *spleen:* im Deutschen: ›Tick, Marotte, Schrulle‹, oft im Zusammenhang mit Exzentrikern; im Französischen: ›Schwermut‹.

16 *die glänzenden emaillierten Firmenschilder:* früher übliche Form der großformatigeren Werbung bzw. Hinweise auf Firmen an Häuserwänden.

17 *Je voyage … géographie:* »Ich reise, um meine Geografie zu beherrschen.«

18 *O Mort … l'ancre! … Au fond … du Nouveau:* Anfang des letzten Gedichtes von Baudelaires *Les Fleurs du Mal*: »O Tod, alter Kapitän, Zeit zum Ankerlichten! / Lass Segel setzen! Tod! Uns langweilt dieses Land! / Wenn Himmel sich und Meer wie Tinte schwarz verdichten, / Sind unsere Herzen, die du kennst, strahlend entbrannt! // Die Gifte flöß uns ein, die wir zur Stärkung brauchen! / Lass uns, indem sie lodernd unser Hirn entzünden, / Ob Himmel oder Hölle, tief in den Abgrund tauchen, / Tief in das Unbekannte, *Neues* dort zu finden!« (Baudelaire, *Les Fleurs du*

Mal. Die Blumen des Bösen, frz./dt., übers. von Monika Fahrenbach-Wachendorff, Stuttgart 2014, S. 387.)

19 *Intentio:* Vorhaben, Absicht.

20 *inséparable de l'utilité:* vgl. Charles Baudelaire, *L'art romantique* bzw. dessen Text zu Pierre Dupont, Paris 1869, S. 193: »[L]'art fut désormais inséparable de la morale et de l'utilité.« (»Die Kunst war von da an untrennbar von der Moral und dem Nutzen.«)

21 *arbiter novarum rerum:* lat. ›Schiedsrichter über das Neue‹; eventuell eine Anspielung auf den lateinischen Titel »Rerum novarum« bzw. die Sozialenzyklika des Papstes Leo XIII. vom 15. Mai 1891, Ausgangspunkt der neuen Soziallehre der Kirche (»Der Geist der Neuerung, der …«).

22 *Dandy:* übertrieben auf sein Äußeres bedachter Mann, der dies zur Quasi-Religion erhebt. Im Kontext ist zu beachten, dass sowohl Balzac in *La Fille aux yeux d'or* wie auch Baudelaire in seinem Essay »Le Peintre« eine prototypische Darstellung des Dandys liefern.

23 *Hausse:* Aufschwung, speziell steigende Kurse an der Börse.

24 *l'art pour l'art:* Kunst nur um der Kunst willen, Grundsatz der französischen Dichtergruppe Parnassiens, wird oft mit den Werken Baudelaires in Verbindung gebracht.

25 *Erotologie:* Begriff, der oft im Zusammenhang der Psychoanalyse bzw. als Vorwurf gegen diese verwendet wird, alles, aber auch wirklich alles, auf Eros und Libido zurückzuführen.

26 *Kierkegaard:* Søren Kierkegaard (1813–1855), dänischer Philosoph und religiöser Schriftsteller, der dem Ringen um Religion und Glaube erotische Züge verlieh (vgl. Sophie Wennerscheid, *Das Begehren nach der Wunde. Religion und Erotik im Schreiben Kierkegaards*, Berlin 2008).

1 *J'ai le culte ... femmes et roses:* »Ich bete das Schöne, das Gute, das Große an, / Große Kunst, von der Schönheit der Natur inspiriert, / Die das Ohr berauscht und dem Blick schmeichelt; / Ich liebe den Frühling in seiner Blüte: Frauen und Rosen!«
2 *urbanistisches:* großstädtisches.
3 *taktil:* mithilfe des Tastens erfahren.
4 *servile:* dienende, sich selbst dabei meist herabsetzende.
5 *Komplizität:* jedes Gemeinsame-Sache-Machen.
6 *Hasardspiels:* risikoreiches Würfelspiel; übertragend gebraucht für ein übergroßes Risiko, etwas fast schon verantwortungslos auf sich nehmen.
7 *Lafargue:* Paul Lafargue (1842–1911), französischer Arzt, entschiedener Sozialist, Schwiegersohn von Karl Marx, heute vor allem bekannt durch seine Abhandlung *Le Droit a la Paresse* (*Das Recht auf Faulheit*).
8 *Expropriationen:* Enteignungen.
9 *Kassationshofs:* eine höhere Gerichtsinstanz, die Entscheidungen niederer Gerichte bestätigen oder aufheben, aber nicht durch eigene Urteile ersetzen kann.
10 *orleanistischen:* der konstitutionellen Monarchie anhängend, für die das Haus von Orléans symbolisch stand – und damit auch dem Bonapartismus entgegengesetzt.
11 *faubourgs:* Vororte.
12 *quartiers:* Stadtviertel, Untergliederung der einzelnen Bezirke (frz. *arrondissements*).
13 *rote ceinture:* besser bekannt als ceinture rouge, ›der rote Gürtel‹, Arbeiterviertel der Île-de-France, die in der Folge politisch von der kommunistischen Partei dominiert wurden.
14 *Louis Napoléon:* Charles-Louis-Napoléon Bonaparte (1808–1873), französischer Staatspräsident und später Kaiser als Napoleon III.
15 *Pierre Dupont:* Pierre Antoine Dupont de l'Étang (1765–1840), französischer General, von der Revolution bis zum restaurierten Königtum.

16 *Juni-Insurrektion:* frz. *Journées de Juin*, sozialrevolutionäre Konterrevolution vom 22. bis 26. Juni 1848, die der Februarrevolution im selben Jahr folgte, in der der zunächst eher liberale »Bürgerkönig« Louis-Philippe von Orléans entmachtet wurde. In der Folge der Junirevolution wurde der Neffe des ehemaligen Kaisers Napoleon Bonaparte, Louis Napoléon (vgl. Anm. 14), am 10. Dezember 1848 zum Staatspräsidenten gewählt.

17 *Chennevières:* Georges Chennevière, Pseudonym von Leon Debille (1884–1927), französischer Lyriker und Dramatiker.

18 *La Vavasseur:* Jacques Le Vavasseur (1876–?), französischer Adeliger, Verwalter des literarischen Nachlasses von Denis Diderot (1713–1784).

19 *école Normande:* École de Management de Normandie, 1871 gegründete, bis heute sehr angesehene kaufmännische Hochschule mit Stammsitz in Le Havre.

20 *garde nationale:* französische Nationalgarde, 1830 durch den »Bürgerkönig« Louis-Philippe I. wieder eingeführt, beteiligte sich an der Niederschlagung des Juniaufstandes 1848; das Zentralkomitee der Nationalgarde übernahm beim Aufstand der Pariser Kommune die Macht in Paris, ließ freie Wahlen durchführen und den Aufstand blutig niederschlagen (wieder aufgelöst nach 1872). Die Nationalgarde hatte auch und vor allem Schutzaufgaben inne. Hier: die genannten Herren hatten einen Nationalgardisten als Bodyguard ständig bei sich, sind also wenig mutig.

21 *artiste démolisseur:* Abbruch-Künstler.

22 *Paris:* eine sechsbändige Ausgabe über den Alltag in Paris: *Paris, ses organes, ses fonctions, sa vie dans la seconde moitié du XIX*[e] *siècle* (1869–75).

23 *Jérémiades d'un Haussmannisé:* ›Die Klageschrift über die Haussmannisierung‹: Gemeint ist die kurze Schrift *Paris désert, lamentations d'un Jérémie haussmannisé*, Paris 1868. Dass Benjamin hier zugleich von »biblischer Klage« schreibt, ist eine Verdoppelung der Aussage, ein klarer Pleonasmus: eine Jeremiade ist nichts anderes als eine (biblische) Klage.

24 *Grammophon:* Gerät zum Abspielen alter Schall- bzw. Schellackplatten.

25 *Makartstil:* besonders im Wiener Großbürgertum ab dem 19. Jahrhundert beliebter Einrichtungsstil mit viel Plüsch, wuchtigen Kronleuchtern, schweren Wandbehängen und aufwendigen Vertäfelungen (nach dem Wiener Dekorationskünstler und Maler Hans Makart, 1840–1884).

26 *L'embellissement stratégique:* ›die strategische Verbesserung‹, allerdings bedeutet *embellissement* auch ›Beschönigung‹.

27 *Fais voir ... rouges éclairs:* »Oh Republik, zeig den Verkommenen dein großes Medusenhaupt inmitten roter Blitze, indem Du ihnen auf die Schliche kommst!« »Le chant du vote« [›Lied der Stimme‹], in: *Muse populaire. Chants et poiésis,* Paris 1875, S. 165 ff. Hier, wie auch in der späteren Fassung des *Passagen-Werks,* irrtümlich mit »Chanson d'ouvriers« [›Lied der Arbeiter‹] bezeichnet, das sich in seiner Übersetzung in Deutschland großer Beliebtheit erfreute.

28 *Kommune:* spontan in Paris im Ausgang des Deutsch-Französischen Krieges 1870/71 radikale sozialistische und revolutionäre Regierung, welche die Diktatur des Proletariats durchsetzen wollte. Haussmanns Architektur zum Trotz errichten sie erfolgreich Barrikaden, die sie bis zuletzt verteidigen. Victor Hugos Gedicht »Sur une barricade« nimmt dieses Motiv prominent auf, das er inhaltlich später in seinem Roman *Les Misérables* fortführte.

29 *1793:* Zeit der Terrorherrschaft »Terreur« in Frankreich.

30 *Genien:* schicksalsbestimmende Schutzgeister.

31 *Borne Maudite:* Stele der Ausgestoßenen.

32 *Brumaire:* der zweite Monat des republikanischen Kalenders. Bezieht sich hier auf den Staatsstreich des 18. Brumaire VIII (9. November 1799), der das Ende des Direktoriums, und damit der Französischen Revolution, markierte. In Folge des Putsches wurde Napoleon Bonaparte zum Ersten Konsul und *Alleinherrscher* (Karl Marx nutzt diesen Staatsstreich als Folie in seinem Aufsatz »Der achtzehnte Brumaire des Louis Bonaparte« (1852), um den Kontrast zum Staatsstreich von Napoleon Bonapartes Neffen Louis aufzuzeigen, an dessen Beispiel er erstmals den Gedanken der Klassenkämpfe entwickelt).

33 *le scélérat de Brumaire ... reconnaître:* »der Schurke des Brumaire – Anführer dieser verfluchten Sippe gekrönter Bohémiens, die Korsika uns ausgespien hat, dieser vernichtenden Reihe von Bastarden, die nicht mehr erkannt werden können.« *Bohémien* meint hier durchaus den abwertenden Begriff ›Zigeuner‹, vgl. *Dictionnaire de l'Académie francaise* von 1878: »Une sorte de vagabonds que l'on croyait originaires de la Bohême, et qui errent dans beaucoup de pays, disant la bonne aventure, exerçant diverses industries et enclins à dérober. [...] On les nomme aussi Égyptiens, Zingaris, Gitanos.« (»Eine Art Vagabund, von dem angenommen wurde, dass er aus Böhmen stammt und der durch viele Länder streunt, Wahrsagerei betreibt, in verschiedenen Gewerken arbeitet und zum Stehlen neigt. [...] Man nennt sie auch Ägypter, Zingaris, Gitanos.«) Im obigen Zitat klingt Kritik an der politischen Unstetigkeit Korsikas an: Über Jahrhunderte lavierte die Insel zwischen Souveränität und Zugehörigkeit zu Italien, Frankreich und sogar dem britischen Königreich.

Dass hier von *Race*, also ›Rasse‹ oder ›Sippe‹, die Rede ist, deren Oberhaupt Napoleon I. war, verweist erneut auf die spätere Herrschaft seines Neffen Louis Bonaparte (vgl. Anm. 14), über dessen Verhältnis zu den Bohémiens und der Bohème Marx 1852 schreibt: »Unter dem Vorwande, eine Wohltätigkeitsgesellschaft zu stiften, war das Pariser Lumpenproletariat in geheime Sektionen organisiert worden, jede Sektion von einem bonapartistischen Agenten geleitet, an der Spitze ein bonapartistischer General. Neben zerrütteten Roués [›Wüstlingen‹] mit zweideutigen Subsistenzmitteln und von zweideutiger Herkunft, neben verkommenen und abenteuernden Ablegern der Bourgeoisie Vagabunden, entlassene Soldaten, entlassene Zuchthaussträflinge, entlaufene Galeerensklaven, Gauner, Gaukler, Lazzaroni, Taschendiebe, Taschenspieler, Spieler, Maquereaus [›Zuhälter‹], Bordellhalter, Lastträger, Literaten, Orgeldreher, Lumpensammler, Scherenschleifer, Kesselflicker, Bettler, kurz, die ganze unbestimmte, aufgelöste, hin- und hergeworfene Masse, die die Franzosen la bohème nennen; mit diesem ihm verwandten Elemente bildete Bonaparte den Stock der Gesellschaft vom 10. Dezember.« Karl

Marx, »Der achtzehnte Brumaire des Louis Bonaparte«, in: K. M. / Friedrich Engels, *Werke*, Bd. 8, Berlin 1960, S. 159–175, hier S. 160 f. Vgl. Anm. 11 zu Kap. IV.

34 *Affiche:* Plakat, Aushang.

35 *Le Play's »Ouvriers européens«:* Pierre Guilleaume Fréderic Le Play (1806–1882), u. a. Geologe und Sozialreformer. In seinen *Ouvriers européens* (1855) entwickelte er anhand der Darstellung von 36 Arbeiterfamilien sein ideales Gesellschaftskonzept in einer frühen Form der in der späteren Feldforschung der Sozialwissenschaften berühmt gewordenen »teilnehmenden Beobachtung«.

36 *Rimbaud:* Jean Nicolas Arthur Rimbaud (1854–1891), einer der einflussreichsten französischen Lyriker.

37 *Courbet:* Jean Désiré Gustave Courbet (1819–1877) französischer Maler des Realismus.

38 *Der Brand von Paris:* gemeint sind wohl die verheerenden Brände in Folge von Brandstiftungen am 23./24. Mai 1871, die unter anderem Palais des Tuileries, Hôtel de Ville, Palais Royal, Palais du Louvre, Théâtre des Tuileries, Palais de Justice, Préfecture de Police, Hôtel de Salm, Grenier de réserve und Palais d'Orsay in Teilen zerstörten und auf die Pariser Kommune zurückgeführt wurden.

39 *anvisagiert:* Wortneuschöpfung, wahrscheinlich in Anlehnung an frz. *envisager*, etwas in Betracht ziehen, mit etwas rechnen.

40 *André Breton, Louis Aragon, Philippe Soupault, Robert Desnos, Paul Eluard:* einflussreiche (surrealistische) französische Schriftsteller: Breton (1896–1966) schrieb u. a. das *Erste* (1924) und das *Zweite Manifest des Surrealismus* (1930), Aragon (1897–1982) u. a. *Le paysan de Paris* (1926). Gemeinsam mit Soupault (1897–1990) gründeten sie die Zeitung *Littérature*, in der die ersten sogenannten *écriture automatique* (›automatischen Texte‹) erschienen. Desnos (1900–1945) war besonders für seine Liebesgedichte bekannt, er schrieb auch für die Zeitschrift *La Révolution Surréaliste.* Eluard (1895–1952) verfasste Gedichte und war Mitarbeiter bei Zeitschriften wie *Proverbe* und *Littérature.*

41 *Und zu derselben ... beziehen müßten:* Benjamin verweist in einer Anmerkung auf A. G. Meyer, *Eisenbauten*, Esslingen 1907, S. 3.

42 *Kaleidoskop:* Kinderspielzeug, Kristalle in einer spiegelnden Röhre, die in Bewegung ihre Konstellation ändern und damit jeweils ein vollkommen neues Bild entstehen lassen.

43 *Hegel:* Georg Wilhelm Friedrich Hegel (1770–1831), deutscher Philosoph; hier Anspielung auf Hegels Geschichtsbild, dem zufolge der Weltgeist in dialektischen Stufen immer weiter zu sich selbst kommt.

44 *Luna, die Gräfin Geschwitz, Kate Greenaway, Mors, Cléo de Mérode, Dulcinea, Libido, Baby Cadum und Friederike Kempner:* hinreißend absurde Reihung von Frauengestalten und Begriffen mit weiblichem Geschlecht: Luna, der Mond (*luna* ist fem.); Gräfin Geschwitz: lesbische Figur aus Franz Wedekinds (1864–1918) Theaterstück *Die Büchse der Pandora*, die Jura studieren will, um Frauen zu ihrem Recht zu verhelfen, und die Hauptfigur Lulu liebt; Kate Greenaway (1846–1901), englische Kinderbuchillustratorin; Mors: lat. ›die Sitte‹; Cléopatre-Diane ›Cléo‹ de Mérode (1875–1966), französische Ballerina und Varieté-Tänzerin; Dulcinea: Angebetete des Don Quijote im gleichnamigen Roman von Miguel de Cervantes (1547–1616), eine trittfeste Bäuerin, die der Ritter von der traurigen Gestalt in Verkennung der Realität zur Blüte aller anbetungswürdigen Frauen erklärt; Libido: die Libido (sexuelle Urkraft); Baby Cadum: auch Bébé Cadum, Talkumpuder für Babys; Friederike Kempner (1828–1904), wegen ihrer Stilblüten und Unbeholfenheiten ebenso gefürchtete wie berühmte deutsche Lyrikerin (über Paris schrieb sie: »Ihr wißt wohl, wen ich meine / Die Stadt liegt an der Seine, / Entschieden ist's die schönste Stadt, / Die man wohl je gesehen hat. // […] Du kennst, ach, die Geschichte nicht, / Und wie das Herz ihr brach und bricht / Der Mond mit rotem Scheine / Beleuchtet Stadt und Seine.« (F. K., »Kennst Du das Land, wo die Lianen blühn?« *Gedichte.* Stuttgart 2009. S. 83).

45 *Tipse:* abwertend für: Sekretärin, weibl. Schreibmaschinen-Schreibkaft.

46 *powere:* veraltet für ›arm, armselig‹, Lehnwort vom frz. *pauvre* ›arm, mittellos, bedauernswert‹.

47 *imprägnierten Covercoat:* wasserundurchlässiger Übermantel.

48 *librairie en solde:* Buchhandlung für im Preis heruntergesetzte Bücher, Antiquariat.
49 *de fantaisie:* originell.
50 *Gaslampe:* Vorgänger der elektrischen (Straßen-)Beleuchtung.
51 *Doktor Mirakel … Olympia:* Figuren aus der Phantastischen Oper *Les contes d'Hoffmann* von Jacques Offenbach (1819–1880) nach Erzählungen von E.T.A. Hoffmann (1776–1822), hier mit Bezug auf *Der Sandmann*: Olympia ist ein künstlich hergestellter Automat, in den sich Nathanael sterblich verliebt hat.
52 *Odalisken:* hellhäutige Konkubinen, die einem Sultan dienlich sind; hier, als Parallele zur »Sirene des Gaslichts« gewählte Metapher der Verführung in Gestalt von Ölflammen.

Fluchtlinien 2

1 *Klee:* Paul Klee (1879–1940), deutscher Maler und Grafiker, stand in engem Kontakt zur Künstlervereinigung »Der Blaue Reiter«.
2 *Angelus Novus:* von Paul Klee (s. Anm. 1) 1920 geschaffene aquarellierte Zeichnung (Tusche und Ölkreide auf bräunlichem Papier, 31,8 × 24,2 Zentimeter), von Benjamin 1921 erworben, von George Bataille (1897–1962) in den Wirren des Zweiten Weltkriegs versteckt, seit 1989 im Besitz des Israel-Museum in Jerusalem.

Walter Benjamin – Ein Kind der Reformzeit

Ich gehöre der Generation an, die heute zwischen dreißig und vierzig steht. Die Intelligenz dieser Generation ist wohl auf lange hinaus die letzte gewesen, die eine durchaus unpolitische Erziehung genossen hat. Der Krieg traf ihre am weitesten nach links vorgeschobenen Elemente im Lager eines mehr oder weniger radikalen Pazifismus. Die Geschichte des Deutschlands der Nachkriegszeit ist teilweise zugleich die Geschichte der revolutionären Ausbildung dieses ursprünglich linken bürgerlichen Flügels der Intelligenz.

(1. Mai 1927, GS VI, 781.)

Vor 1933: Kindheit, erste Schreibversuche, Übersetzungen, der *Wahlverwandtschaften*-Essay und erste Auslandsaufenthalte

Walter Bendix Schoenflies Benjamin, geboren am 15. Juli 1892, kann man als »Kind der Reformzeit« bezeichnen. Aufgewachsen in einem gutbürgerlichen und gutassimilierten jüdischen Haushalt in Berlin – der Vater Emil (1856–1926) war Kunst- und Antiquitätenhändler, der Onkel William Stern (1871–1938) Psychologe –, werden die Sorglosigkeit und das Staunen, wie man es in seinen ab 1932 entstandenen *Berliner Kindheitserinnerungen um neunzehnhundert* und auch in seinen nahezu idealistisch-träumerischen frühen Briefen nachvollziehen kann, jäh durchbrochen vom Beginn des Ersten Weltkrieges. Wenige Tage nach Kriegsbeginn, am 8. August 1914, nimmt sich Benjamins enger Freund Christoph Friedrich Heinle (1894–1914), den er 1912 in seinem ersten Studiensemester in Freiburg kennengelernt und mit dem er eine Zeitschrift zu gründen geplant hatte, im Alter von 19 Jahren zusammen mit seiner Verlobten Friederike (Rika) Seligson das Leben. Für seinen Freundeskreis steht sofort und unbezweifelbar fest, dass deren gemeinsamer Suizid durch Gas ein Akt des Protestes gegen den Krieg ist. Im Jahr 1928 notiert Benjamin in dem Fragment [*Über Stefan George*]:

> Im Frühjahr 1914 ging unheilverkündend überm Horizont der »Stern des Bundes«[1] auf, und wenige Monate später war Krieg. Ehe noch der Hundertste gefallen war, schlug er in unserer Mitte ein. Mein Freund starb. Nicht in der Schlacht. Er blühte auf einem Felde der Ehre, wo man nicht fällt. Monate folgten, von denen ich nichts mehr weiß. In diesen Monaten aber trat, was er an Gedichten hinterlassen hatte, an die wenigen Stellen, wo noch in mir Gedichte bestimmend zu wirken vermochten. (GS II.2, 623.)

Immer wieder bemüht Benjamin sich in den kommenden Jahren um eine Publikationsmöglichkeit für Heinles Nachlass. Nach dessen Tod verfasst er zudem 73 eigene Sonette im Angedenken Heinles, Werke, die ihm zeitlebens wich-

1 Anspielung auf den Titel eines 1914 erschienenen Gedichtbands Stefan Georges, wohl dessen umstrittenstes Werk, da er dort ein elitäres Programm für seine Gefolgschaft, den sogenannten George-Kreis, präsentiert, das dessen sektiererischen Charakter nicht nur offen zeigt, sondern einfordert.

tig bleiben sollten. Wie sehr ihn der Erste Weltkrieg und die damit einhergehenden Verluste und Veränderungen aus der Bahn warfen, wird vielleicht mit dem Appell der ersten Zeile des Ersten Sonettes für Heinle deutlich: »Enthebe mich der Zeit der du entschwunden« (GS VII.1, 27).

Benjamin heiratet 1917 Dora Sophie Kellner (1890–1964) und geht mit ihr nach Bern. Nachdem es ihm mehrfach gelungen war, seine Einberufung ins Militär aufzuschieben, flieht er am Ende in die Schweiz. Nach einigen Monaten in Zürich und St. Moritz, die auch von großer Orientierungslosigkeit geprägt sind, entscheidet er sich, im Wintersemester die Promotion in Bern zu beginnen, wo er am 27. Juni 1919 bei dem Philosophieprofessor Richard Herbertz (1878–1959) mit der Arbeit *Der Begriff der Kunstkritik in der deutschen Romantik* promoviert wird. In Bern wird der gemeinsame Sohn von Dora und Walter Benjamin, Stefan, am 11. April 1918 geboren.

Es folgen weitere Jahre in der Schweiz und auch in Wien, wo das Paar bei den Eltern von Dora lebt. Inzwischen sind jedoch sowohl das Vermögen, das Dora aus ihrer ersten Ehe mit in die Beziehung mit Walter brachte, als auch dessen Vorschuss auf sein eigenes Erbe aufgebraucht, so dass sie bei ihrer Rückkehr nach Deutschland bei Benjamins Eltern in Berlin-Grunewald unterkommen müssen. Walter Benjamins Arbeit als Publizist und Schriftsteller verläuft schleppend, obgleich sein 1921 veröffentlichter Aufsatz »Zur Kritik der Gewalt« Aufsehen erregt. Auch die finanziellen Mittel von Walters Vater Emil Benjamin, der die junge Familie immer wieder unterstützt hatte, sind infolge der Inflation im Nachgang des Ersten Weltkrieges naturgemäß begrenzt. Um ein Auskommen zu haben, beginnt Dora als Übersetzerin, Journalistin und schließlich in Vollzeit bei der Agentur United Telegraph zu arbeiten. Einige ihrer Artikel werden postum Benjamin zugeschrieben, auch wenn sie mit den Initialen »dsb« gezeichnet sind.

Auch Walter übersetzt: 1923 erscheint seine Version von Baudelaires »Tableaux Parisiens« aus den *Fleur du Mal*, denen er den Aufsatz »Die Aufgabe des Übersetzers« voranstellt. Nachdem sein Versuch, eine Zeitschrift des Namens *Angelus Novus* zu gründen – 1921 hatte er Paul Klees (1879–1940) gleichnamige aquarellierte Zeichnung gekauft – gescheitert ist, geht Benjamin 1923 nach Frankfurt am Main, um an einem Habilitationsprojekt zu arbeiten. Zwar zieht er seine Habilitationsschrift *Der Ursprung des deutschen Trauerspiels* 1925 zurück, um einer offiziellen Ablehnung durch die Fakultät zuvorzukommen, doch gibt es von nun an eine tiefe Verbundenheit mit Siegfried Kracauer (1889–1966), Theodor Wiesengrund[2] Adorno (1903–1969) und Max Horkheimer (1895–1973) – inwiefern Horkheimer dazu beitrug, dass Benjamins Habilitationsschrift nicht angenommen wurde, bleibt umstritten; fest steht, dass er nicht Teil der Kommission war, auch wenn er von deren Vorsitzendem Hans Cornelius (1863–1947) um seine Meinung gefragt wurde. Sehr wahrscheinlich beurteilte er jedoch

2 In der Tat trug Adorno zu diesem Zeitpunkt noch nicht den Namen seiner Mutter, Maria Calvelli-Adorno della Piana (1865–1952), sondern ausschließlich den Nachnamen seines Vaters, Oscar Alexander Wiesengrund (1870–1946), also seinen Geburtsnamen. Bis ins das Jahr 1938 schreibt Benjamin ihn als »Herrn Wiesengrund«an. Dann nutzt er das freundschaftliche »Teddie«, die Kurzform von Theodor.

nur das ihm bekannte Exposé und nicht die endgültige Fassung der Arbeit negativ.

Benjamin kehrt von Frankfurt am Main nach Berlin zurück, nur um bald wieder nach Paris und Moskau aufzubrechen. Seine Ehe mit Dora ist zu diesem Zeitpunkt bereits zerrüttet: Beide haben Affären, die, so vermutet man, Walter Benjamin in Teilen zu seinem *Wahlverwandtschaften*-Aufsatz über Goethes Roman zweier sich überkreuz auflösender Paarbeziehungen angeregt haben sollen, den Hugo von Hofmannsthal (1874–1929) 1924 in die *Neuen Deutschen Beiträge* aufnimmt. Der Aufsatz ist zumindest einer dieser Affären (Jula, der Schwester seines Schulfreundes Alfred Cohn) gewidmet – seine Frau Dora hatte indes mit dem Schulfreund Walters Ernst Schoen eine Affäre. Es entbehrt nicht einer gewissen Ironie, dass Walter Benjamin 1926 und 1927, als er in Paris Teile von Marcel Prousts *A la recherche du temps perdu* übersetzt, dieses Projekt zusammen mit dem deutschen Autor Franz Hessel (1880–1941) unternahm, dessen Dreiecksbeziehung mit Helen Grund (1886–1962) und Henri-Pierre Roché (1879–1959) die Vorlage für den von Letzterem verfassten Roman *Jules et Jim* (1953) bildete, der 1962 von François Truffaut mit Jeanne Moreau und Oskar Werner verfilmt wurde.

Die Ehe der Benjamins wird schließlich 1930 auf Betreiben Walters geschieden, der Dora der »ehewidrigen Beziehungen« bezichtigt, wahrscheinlich aber lediglich die lettische Schauspielerin und Regisseurin Asja Lācis (1891–1971) heiraten wollte. In einem langwierigen Verfahren gelingt es Dora dennoch, feststellen zu lassen, dass Walter schuld am Scheitern der Ehe sei. Sie verzichtet aber auf Zahlungen: Dora Benjamin ist zu diesem Zeitpunkt bereits eine etablierte Autorin und Redakteurin. Sie emigriert 1933 nach Italien und betreibt dort und in London in den folgenden Jahren erfolgreich mehrere Hotels. Ein Umstand, der es ihr erlaubt, ihren Ex-Mann Walter Benjamin in seinen letzten Lebensjahren im Exil auch finanziell zu unterstützen.

Nach 1933: Jahre des Exils

»Die Epoche zwischen zwei Kriegen zerfällt für mich naturgemäß in die beiden Perioden vor und nach 1933« (GS VI, 227), konstatiert Benjamin sieben Jahre später in einem selbstverfassten Lebenslauf. Als er eineinhalb Monate nach der Machtergreifung der Nationalsozialisten am 17. März 1933 Berlin verlässt, um ins Exil nach Paris zu gehen, macht er dies, bevor Berufsverbote gegen Juden ausgesprochen wurden. Auch danach steht Benjamin – anders als zum Beispiel Heinrich Mann (1871–1950), Alfred Kerr (1867–1948), Lion Feuchtwanger (1884–1958) oder Kurt Tucholsky (1890–1935) – nicht auf der ersten Ausbürgerungsliste, die am 25. August 1933 veröffentlicht worden war. Dort wurden 33 Personen benannt, denen umgehend ihr Besitz und ihre Staatsangehörigkeit entzogen wurden. Er verlässt Deutschland, weil ihm, wie er am 28. Februar 1933 einem seiner ältesten und engsten Freunde, Gershom Scholem (1897–1982), nach Palästina schreibt, aus einer inneren Haltung nichts anderes mehr übriggeblieben sei:

> Das bißchen Fassung, das man in meinen Kreisen dem neuen Regime entgegengebracht hat, ist rasch verbraucht und man gibt sich Rechenschaft, dass die Luft kaum

> mehr zu atmen ist; ein Umstand, der freilich dadurch an Tragweite verliert, daß einem die Kehle zugeschnürt wird. (B I, 562.)

Und auch finanziell sieht er für sich keine Möglichkeit mehr, in Deutschland über die Runden zu kommen. »Dies vor allem einmal wirtschaftlich«, schiebt er nach (B I, 562). Zu dem wohlbekannten Problem, dass die Einkünfte kaum reichen – mit einigen Ausnahmen, etwa im Jahr 1932, als er von der »merkantile[n] Konjunktur des Goethejahres« (B I, 547) profitierend nach Ibiza reiste –, kam nun auch jenes hinzu, dass seine Arbeitgeber sich neu aufstellten.

> Die Chancen, die von Zeit zu Zeit durch den Rundfunk geboten wurden und die überhaupt meine einzig ernsthaften waren, dürften so gründlich fortfallen, daß selbst dem »Lichtenberg«[3], wiewohl er in Auftrag gegeben war, eine Aufführung nicht mehr sicher ist. Die Desorganisation der Frankfurter Zeitung schreitet fort. Ihr Feuilleton-Redakteur ist von seinem Posten entfernt worden, obwohl er grade kurz vorher durch Erwerb meiner »Berliner Kindheit« zu einem lächerlichen Spottpreis eine zumindest kaufmännische Eignung erwiesen hatte. Jetzt scheint dort Heinrich Simon[4] zu walten. Die Publikation meiner Arbeit ruht nun seit mehr als vierzehn Tagen. (B I, 562 f.)

3 Gemeint ist ein Hörspiel über Georg Christoph Lichtenberg (1742–1799), den Göttinger Physiker und Aphoristiker, vgl. »Hörmodelle«, in: GS IV.2, 696 ff.

4 *Heinrich Simon* (1880–1941) war Feuilletonist und Geschäftsführer der *Frankfurter Zeitung*.

Doch löst die Flucht nach Paris seine Probleme nicht, sondern verschlimmert sie sogar. 18-mal zieht Benjamin in den kommenden Jahren allein innerhalb von Paris um. Immer von einer provisorischen Unterkunft in die nächste. Hinzu kommen neben einigen Reisen ausgedehnte Besuche bei Bertolt Brecht (1898–1956) in Svendborg (Dänemark), wo dieser ab 1933 im Exil lebt, und seiner Ex-Frau in San Remo (Italien). Dabei ist Benjamin weiterhin und ständig angewiesen auf die finanzielle Unterstützung durch Familie und Freunde, wie zum Beispiel Hannah Arendt (1906–1975), oder er muss sich in heute ›geringfügige Beschäftigung‹ genannte Arbeitsstellen einpassen. So stellte zum Beispiel Horkheimer ihn als Mitarbeiter im neugegründeten Institut für Sozialforschung in New York City ein. Als Horkheimer ihm im November 1938 vom »Ringen um die finanzielle Existenz des Instituts« (GS I.3, 1107) berichtet, versteht Benjamin dies sofort als Ankündigung, dass seine Unterstützung, die ihm seit dem Jahr 1934 zuteilwurde, eingestellt werde. Wie prekär seine Situation ist und wie sehr er auf das Salär aus New York angewiesen war, wird an dem Brief deutlich, den er daraufhin an Scholem verfasste:

> Was mich in den früheren Jahren bei der Stange gehalten hatte, war die Hoffnung, irgendwann einmal auf halbwegs menschenwürdige Weise beim Institut anzukommen. Unter halbwegs menschenwürdig verstehe ich mein Existenzminimum von 2400,– francs[5]. Von ihm

5 Ein »ancient Franc« war damals etwa 5 US-Cent wert. Er empfing also etwa 120 US-Dollar monatlich, was einer heutigen Kaufkraft von etwa 2260 Dollar oder 1900 Euro entspricht – keine ganz kleine Summe.

wieder abzusinken, würde ich à la longue[6] schwer ertragen. Dazu sind die Reize, die die Mitwelt auf mich ausübt, zu schwach, und die Prämien der Nachwelt zu ungewiß. (GB VI, 236).

Zwar war es Benjamin gelungen, in den intellektuellen Zirkeln von Paris Fuß zu fassen (so wurde er zum Beispiel Mitglied des von Georges Bataille (1897–1962), Michel Leiris (1901–1990) und Roger Caillois (1913–1978) gegründeten Collège de Sociologie). Und er pflegte Kontakte zu vielen anderen deutschen Exilanten, blieb aber einsam. »Die Anzahl derer, vor denen meine Arbeit mich ausweisen kann, ist seit der Emigration klein geworden«, schreibt er im Oktober 1935 an Max Horkheimer (B I, 688 f.). Und auch, wenn es immer wieder kleinere Aufträge gibt und sein Aufsatz über »Das Kunstwerk im Zeitalter seiner technischen Reproduzierbarkeit« 1936 in der *Zeitschrift für Sozialforschung* erscheint, so ist sein Schaffen in seinem Empfinden doch vor allem von Rückschlägen gekennzeichnet, – und sei es nur, weil ein Überleben durch Schreiben immer wieder in unerreichbare Ferne zu rücken scheint. So schreibt Benjamin am 20. Mai 1935 an Scholem:

Es trat […] wieder eine höchst kritische Periode ein, akzentuiert durch äußere Mißerfolge. Ablehnung des Bachofen[7] durch die NRF[8], die ihn an den Mercure de

6 *à la longue:* ›auf Dauer‹.

7 Gemeint ist Benjamins Aufsatz über Johann Jakob Bachofens (1815–1887) 1861 erschienenes Hauptwerk *Das Mutterrecht* (GS II.1, 219).

8 Die Literaturzeitschrift *La Nouvelle Revue française*, das wohl prestigeträchtigste Organ dieser Art in der damaligen Zeit und auch bis heute.

> France[9] weitergab, wo ich ihn jetzt liegen sehe; Auflösung meiner kurzen und doch zu langen literarischen Beziehung zu Klaus Mann, für den ich den Dreigroschenroman[10] besprochen hatte, und der meine Rezension, die schon gesetzt war, zurücksandte, als ich ein unqualifizierbares Honorar ablehnte. Und noch dies und jenes derart: novissima meiner literarischen Laufbahn, nachdem sie in meiner bürgerlichen nun schon seit geraumer Zeit sich überbieten. (B I, 653.)

Hinzu kommt die Sorge, die alle Exilanten teilen: In ihrem Heimatland werden Juden und Regimekritiker immer heftiger verfolgt. Während sein Freund Gershom Scholem sich bereits 1923 zur Aliya – also der Immigration ins damalige Palästina – entschied und Benjamins Schwester Dora (1901–1946) wie Benjamin das Exil in Paris wählte, blieben vielen Freunde und Verwandte in Deutschland zurück, so auch Walter Benjamins Bruder Georg (1895–1942). Er wurde, 1929 als Abgeordneter in die Bezirksverordnetenversammlung Wedding gewählt und bei den Wahlen im März 1933 wiedergewählt, bereits im April 1933 in »Schutzhaft« genommen und anschließend erst in der Strafanstalt Plötzensee, dann im KZ Sonnenburg interniert. Zwar wird Ge-

9 Eine 1671 zunächst unter dem Namen *Mercure Galant/Gallant* gegründete Literaturzeitschrift.

10 Ein 1934 erschienener Roman von Brecht, der sich am Stoff der *Dreigroschenoper* orientiert. Initiiert wurde das Romanprojekt von Hermann Kesten (1900–1996), als Brecht diesen auf seiner Flucht aus Deutschland in Paris kennenlernte. Die Vorauszahlung für das Manuskript ermöglicht Brecht den Kauf eines Hauses in Dänemark.

org im Dezember 1933 wieder entlassen, jedoch zugleich mit einem Berufsverbot als Arzt belegt. »Soweit ich weiß«, schreibt Walter Benjamin im Januar 1934 an Scholem als eine Art Schicksalsgenossen, da dessen Bruder Werner (1895–1940) bereits am 28. Februar 1933 mit Inkrafttreten der sogenannten »Reichstagsbrandverordnung« in »Schutzhaft« genommen worden war,

> schwebt aber noch ein Hochverratsverfahren gegen ihn. Wirtschaftlich ist er mit seinem einjährigen Sohn zur Not durch seine Schwiegereltern gesichert. Im übrigen muß ich es für fast sicher halten, daß er auf die eine oder die andere Weise die illegale Arbeit wieder aufnimmt. (B I, 598.)

Benjamin selbst gerät im Jahr 1938 in große Bedrängnis. Sein deutscher Pass läuft ab, den er nicht in Deutschland verlängern lassen kann. Seine Bemühungen um die französische Staatsbürgerschaft nehmen ihn enorm in Beschlag: Er schreibt an eine verblüffend große Menge von Dienststellen, wird sogar im Justizministerium vorstellig und es gelingt ihm, unter anderem André Gide (1869–1951), Paul Valéry (1871–1945) und Jules Romains (1885–1972) als Fürsprecher für sein Anliegen zu gewinnen. Doch blieb ihm die Staatsbürgerschaft verwehrt. Im Sommer des Jahres reist er zu Brecht nach Svendborg – zunächst, um in der dortigen Abgeschiedenheit in Ruhe arbeiten zu können.

1938 wird zugleich ein für Benjamin sehr produktives Jahr. Neben mehreren Rezensionen und Essays widmet er sich nicht nur der Umarbeitung der *Berliner Chronik* zu den *Berliner Kindheitserinnerungen um neunzehnhundert*, sondern er beendet in Svendborg und Kopenhagen vor allem den im April 1937 begonnenen Text *Das Paris des Second Empire bei Baudelaire*. In einem Brief an Kitty Marx-Steinschneider (1905–2002) am 20. Juli 1938 beschreibt er diesen als einen

> Essay über Baudelaire, der ein Teil der Arbeit über das vorige Jahrhundert ist, die ich seit mehr als zehn Jahren im Sinne führe. Der Aufsatz, den ich schreibe und der seiner Anlage nach eher ein Buch darstellt, soll davon einen Teil unter Dach und Fach bringen. (B I, 767.)

Die »Arbeit über das vorige Jahrhundert« ist das *Passagen-Werk*, zu dem sich erste Notizen bereits im Jahr 1927 ausmachen lassen und dessen erstes (versandtes) Exposé, wie es die Grundlage der hier vorliegenden Textauswahl bildet, im Jahr 1935 fertiggestellt wurde.

Doch auch in Dänemark holen Benjamin die politischen Ereignisse ein: Die Sudentenkrise bringt Europa an den Rand eines Krieges. Zudem gelingt es seiner Ex-Frau Dora nur knapp, den gemeinsamen Sohn Stefan aus Italien nach Großbritannien einreisen zu lassen, wo sie seit der Verschärfung der Gesetze gegen Juden in Italien lebte. Am 28. September 1938 sendet Benjamin sein *Baudelaire*-Manuskript an Horkheimer und schließt seinen Begleitbrief mit den Zeilen:

> Über meine Dispositionen weiß ich noch nichts. Meine dänische Aufenthaltsbewilligung läuft, wie man mich versicherte: definitiv, am 1. November ab. Kommt es zum Krieg, so glaube ich alles daran setzen zu müssen,

> in Skandinavien zu bleiben. Darum wäre ich Ihnen sehr dankbar für die Angabe dänischer, auch schwedischer und norwegischer Freunde – wenn Sie solche kennen – an die ich in einem derartigen Falle mich wenden könnte. (B I, 776.)

Auch Adorno geht das Manuskript zusammen mit einem euphorischen Brief Benjamins zu – doch sowohl Horkheimer als auch Adorno sind enttäuscht von der Arbeit ihres Freundes. Adorno erklärt:

> Diese Enttäuschung hat ihren Grund wesentlich darin, daß die Arbeit in den mir bekannten Teilen nicht sowohl ein Modell zu den Passagen darstellt, als ein Präludium. Es werden Motive versammelt aber nicht durchgeführt. Sie haben in Ihrem Begleitbrief an Max dies als Ihre ausdrückliche Absicht dargestellt, und ich verkenne nicht die asketische Disziplin, die Sie walten ließen, um die entscheidenden theoretischen Antworten der Fragen allerorten auszusparen und wohl gar die Fragen selber nur für den Eingeweihten sichtbar werden zu lassen. (B I, 783.)

Ein vernichtendes Urteil, das Benjamin »einen Stoß« versetzt, wie er Adorno einen Monat später in einer sehr ausführlichen Verteidigung des *Baudelaire* schreibt (B I, 790 f).

Hinzu kommt eine erneut schwierige Wohnsituation in der Einzimmerwohnung im siebten Stock eines Hauses in der Rue Dombasle, am äußersten Rand des 15. Arrondissements, die ihm das Arbeiten nur schwer ermöglicht. »Den

Eingang des Winters begleitete eine Periode nachhaltiger Depression, von welcher letzteren ich sagen kann, je ne l'ai pas volé.« (B I, 800.) Dennoch nimmt er die Herausforderung einer Überarbeitung seiner *Baudelaire*-Arbeit an, die seine Freunde in New York sehnsüchtig erwarten.

Im Februar 1939 wird Benjamin die deutsche Staatsbürgerschaft aberkannt – er ist nun staatenlos. Als am 1. September 1939 Deutschland Polen überfällt und der Zweite Weltkrieg ausbricht, flieht er umgehend aus Paris nach Chauconin in der Nähe von Meaux, wohl aus der letztlich unbegründeten Angst heraus, er könne zum Militärdienst eingezogen werden.

Doch die Gefahr ist eine ganz andere: Am 9. September wird Walter Benjamin, zusammen mit etlichen anderen Exilanten aus Deutschland und Österreich, zuerst im Stadion Yves de Manoir in Colombes und dann in einem Lager nahe Nevers interniert. Im Lager besteht seine größte Befürchtung darin, dass seine zuvor eingereichte *Baudelaire*-Arbeit erneut zurückgewiesen oder mit nicht abgesprochenen Änderungen erscheinen könnte. Erst nach Wochen kann ihm seine Schwester im Lager ein Telegramm zukommen lassen, in dem sich sowohl Horkheimer als auch das Ehepaar Gretel und Theodor W. Adorno ausnehmend positiv zu seiner überarbeiteten Fassung der *Baudelaire*-Arbeit äußern. Benjamin nutzt die Zeit seiner Inhaftierung, um die Zeitschrift *Bulletin de Vernuche: Journal des Travailleurs du 54e Régiment* zu gründen (einer der vielen Versuche in seinem Leben, eine neue Zeitschrift zu etablieren). Dafür versammelt er eine Vielzahl renommierter Autoren, unter ihnen der Schriftsteller Hermann Kesten (1900–1996) und der Schriftsteller und Kritiker Hans Sahl

(1902–1993), die unter anderem über die soziologischen Phänomene des Lagerlebens berichten. Wie zuvor (diesmal jedoch aus sehr viel naheliegenderen Gründen) erscheint die Zeitschrift nie. Dass er das Lager bereits im November 1939 verlassen kann, verdankt er unter anderem Adrienne Monnier (1892–1955), Sylvia Beach (1887–1962), Jules Romains (1885–1972), Paul Valéry (1871–1945) und Jean Ballard (1893-1973), die ihn mit Empfehlungsschreiben und Spenden unterstützen. Vor allem auf die Kontakte der Buchhändlerin Adrienne Monniers zu einer Vielzahl von renommierten internationalen Schriftstellern ist es wohl zurückzuführen, dass sich der PEN Club schließlich beim Innenministerium für Benjamins und auch Kestens Freilassung einsetzt.

Doch zurück in Paris erwartet Benjamin: nichts. Seine finanziellen Nöte sind nicht kleiner geworden und nicht anders verhält es sich mit der Einsamkeit. So schreibt er an Scholem im Januar 1940:

> Die Vereinsamung, in der ich mich von Hause aus finde, ist durch die Zeitumstände gewachsen. Der Rest von Verstand, der den Juden, nach allem was sie durchgemacht haben, noch geblieben ist, scheint ihnen locker zu sitzen. Die Zahl derer, die sich auf dieser Welt zurechtfinden, schmilzt mehr und mehr. Unter diesen Umständen war für mich eine zweimalige kurze Begegnung mit Dora [seiner Ex-Frau] eher erfreulich. (B I, 845).

Zu Beginn des Jahres erscheinen schließlich *Über einige Motive bei Baudelaire* (GS I.2, 605) wie auch seine Einleitung zu Carl Gustav Jochmanns (1789–1830) *Über die Spra-*

che (1828), *Die Rückschritte der Poesie* (GS II, 572) in der *Zeitschrift für Sozialforschung*. Adorno lässt ihm einen euphorischen Brief zukommen, in dem er Benjamins *Baudelaire*-Aufsatz lobt und sich zudem für seinen initiale Kritik an der vorherigen Fassung entschuldigt:

> Mit welchem Enthusiasmus ich Ihren Baudelaire gelesen habe, wissen Sie, und keine der telegraphischen und sonst abgekürzten Formeln, die darüber in Ihre Hand gekommen sind, ist im leisesten übertrieben. [...] Wenn ich manchmal ein schlechtes Gewissen hatte ob meiner nörgelnden Insistenz, dann hat sich dies schlechte Gewissen in eitel Stolz verwandelt, und daran sind Sie selber schuld [...]. (GS I.3, 1130.)

Doch Benjamin reagiert seltsam ernüchtert auf seinen Erfolg. Er bemüht sich nun intensiver um eine Ausreisemöglichkeit, stellt Dokumente zusammen, die er Horkheimer zukommen lässt, und nimmt Kontakt zum »National Refugee Service« auf.

Seit seinem Aufenthalt im Lager ist ihm noch mehr als zuvor bewusst geworden, dass er Deutschland noch rechtzeitig verlassen hat und dass dies die einzig richtige Entscheidung war, wie er Max Horkheimer gegenüber äußert. Und er hat bereits mit seinem neuen Projekt, seinen Thesen *Über den Begriff der Geschichte* begonnen, die der mittellose Benjamin zunächst auf Umschlägen von Briefen und den Banderolen von Zeitungen notiert. Die Thesen finden ihre erste Erwähnung in einem Brief an Horkheimer vom 22. Februar 1940:

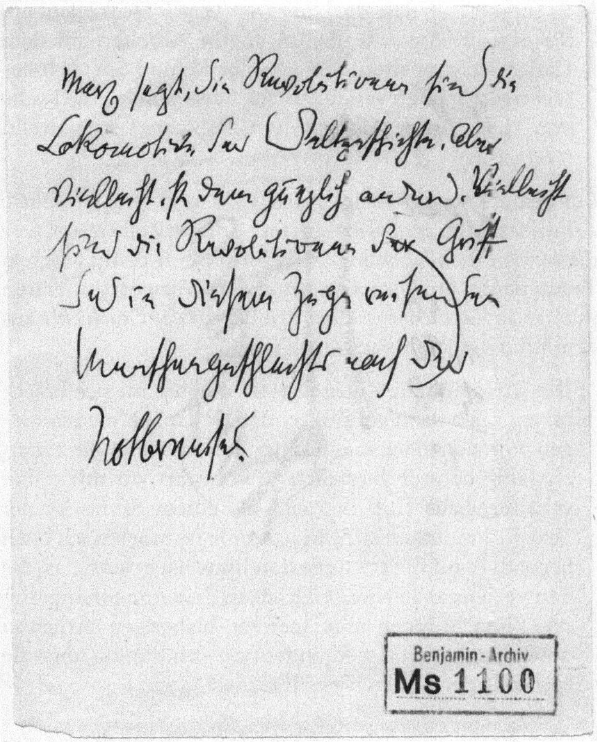

Marx sagt, die Revolutionen sind die Lokomotive der Weltgeschichte. Aber vielleicht ist dem gänzlich anders. Vielleicht sind die Revolutionen der Griff des in diesem Zuge reisenden Menschengeschlechts nach der Notbremse.

Walter Benjamin, Marx sagt ..., Notiz zu *Über den Begriff der Geschichte*, 1940, WBA 755/6, Akademie der Künste, Berlin / Hamburger Stiftung zur Förderung von Wissenschaft und Kultur

> Es tut mir leid, dass die Umstände es mir nicht erlauben, Sie derzeit so genau über all meine Arbeiten auf dem Laufenden zu halten, wie ich möchte und Sie auch berechtigt wären zu verlangen. Ich habe gerade eine Reihe von Thesen zum Konzept der Geschichte fertiggestellt. (GS I.3, 1130.)[11]

Ein erster Entwurf ist im April/Juni 1940 fertiggestellt – zumindest kündigt Benjamin ihn zu dieser Zeit Gretel, wenig später auch Theodor W. Adorno, den er inzwischen Teddy nennt, an. Dieser zitiert in dem Vorwort zur ersten Publikation der Thesen *Über den Begriff der Geschichte* aus dem Brief Benjamins an seine Frau:

> Der Krieg und die Konstellation, die ihn mit sich brachte, hat mich dazu geführt, einige Gedanken niederzulegen, von denen ich sagen kann, daß ich sie an die zwanzig Jahre bei mir verwahrt, ja, verwahrt vor mir selber gehalten habe […]. In mehr als einem Sinne ist der Text […] reduziert. […] In jedem Falle möchte ich Dich besonders auf die 17te Reflexion hinweisen; sie ist es, die den verborgenen aber schlüssigen Zusammenhang dieser Betrachtungen mit meinen bisherigen Arbeiten müßte erkennen lassen, indem sie sich bündig über die Methode der letzteren ausläßt. (GS I.3, 1223.)

11 Übersetzt nach dem französischen Original: »Je suis désolé que les circonstances ne me permettent pas de vous tenir, pour l'instant, aussi étroitement au courant de tous mes travaux que je le voudrais et que vous êtes en droit de l'exiger. Je viens d'achever un certain nombre de thèses sur le concept d'Histoire«. Die Vorgaben für (feindliche) Ausländer zum Briefverkehr während des Krieges zwingen Walter Benjamin, auf Französisch zu schreiben.

Das Ende der »17ten Reflexion« lautet:

> Der historische Materialist geht an einen geschichtlichen Gegenstand einzig und allein da heran, wo er ihm als Monade entgegentritt. In dieser Struktur erkennt er das Zeichen einer messianischen Stillstellung des Geschehens, anders gesagt, einer revolutionären Chance im Kampfe für die unterdrückte Vergangenheit. Er nimmt sie wahr, um eine bestimmte Epoche aus dem homogenen Verlauf der Geschichte herauszusprengen; so sprengt er ein bestimmtes Leben aus der Epoche, so ein bestimmtes Werk aus dem Lebenswerk. Der Ertrag seines Verfahrens besteht darin, daß *im* Werk das Lebenswerk, *im* Lebenswerk die Epoche und *in* der Epoche der gesamte Geschichtsverlauf aufbewahrt ist und aufgehoben. Die nahrhafte Frucht des historisch Begriffenen hat die Zeit als den kostbaren, aber des Geschmacks entratenden Samen in ihrem *Innern*. (GS I.2, 703.)

Drei Tage nach Beginn der Schlacht um Frankreich erreichen am 8. Juni 1940 deutsche Panzerverbände die untere Seine bei Rouen. Die französische Regierung zieht sich vor den auf Paris vorrückenden Truppen nach Bordeaux zurück, und Tausende verlassen Paris. Ohne Widerstand zieht die Wehrmacht am 14. Juni in die Stadt ein. Auch Walter Benjamin hat die Stadt verlassen und ist nach Lourdes geflohen.[12] Von hier aus fleht er Horkheimer am 16. Juni

12 Zuvor hat Benjamin Georges Bataille für ihn wichtige Schriften zur Aufbewahrung übergeben, die dieser in der Nationalbibliothek verstecken konnte, neben einem Manuskript des *Passagen-*

1940 an, sich bei den US-amerikanischen Behörden für ein Visum für ihn einzusetzen, denn er fürchtet, dass er erneut inhaftiert werden könnte. Seine Perspektivlosigkeit wird unter anderem in einem Brief an Adorno vom 2. August 1940 deutlich, in dem er notiert:

> Die völlige Ungewißheit über das, was der nächste Tag, was die nächste Stunde bringt, beherrscht seit vielen Wochen meine Existenz. Ich bin verurteilt, jede Zeitung (sie erscheinen hier nur noch auf einem Blatt) wie eine an mich ergangene Zustellung zu lesen und aus jeder Radiosendung die Stimme des Unglücksboten herauszulesen. (B I, 861.)

Horkheimer und die Adornos tun ihr Möglichstes, senden Gutachten und Empfehlungsschreiben und korrespondieren auch untereinander über ihren Freund, dessen Arbeit sie bewundern – wie groß diese Bewunderung ist, wird er nie erfahren. Sie erreichen (zusammen mit anderen) tatsächlich, dass Benjamin ein Visum für die USA erhält. Zwischen dem 16. und 20. August 1940 trifft er in Marseille ein, das zu diesem Zeitpunkt ein Treffpunkt der Exilanten ist. Er sieht Hannah Arendt wieder und begegnet vielen anderen internationalen Flüchtlingen, die ihre Flucht in die USA über Spanien und Portugal planen.

Walter Benjamin verlässt in einer Nacht-und-Nebel-Aktion panisch Marseille. Er vertraut nicht wie so viele andere auf das von Miriam Davenport (1915–1999) und Varian Fry

werkes auch die erwähnten Sonette für Heinle, die 1980 zufällig wiederaufgefunden werden sollten.

(1907–1967) vermittelte und vom Emergency Rescue Committee ausgestellte »Danger-Visum«, sondern begibt sich lieber auf den ungewissen Landweg nach Portugal, von wo aus er irgendwie in die USA übersetzen will. Er wählt die Route, die unter anderem Erna (1888–1957) und Alfred Döblin (1878–1957) am 30. Juli 1940 nehmen: über die Pyrenäen nach Portbou, nach Madrid und Lissabon. Zugleich annulliert die Vichy-Regierung in diesen Tagen die Regelung der Transitvisa. Alle flüchtenden Deutschen müssten umgehend zurück nach Deutschland überwiesen werden, heißt es.

Benjamin nimmt sich in der Nacht vom 26. zum 27. September das Leben im festen Glauben, alles sei verloren. Seine Thesen *Über den Begriff der Geschichte* lässt er Hannah Arendt vor seiner Abreise aus Marseille zukommen, die sie 1941 in New York an Adorno und Horkheimer übergibt. »Mit Ihnen«, schreibt Max Horkheimer am 23. Juni 1941 an Adorno, »bin ich glücklich darüber, daß wir Benjamins Geschichtsthesen besitzen. Sie werden uns noch viel beschäftigen und er wird bei uns sein.« (GS VII.2, 774.)

Aufbau und Bezugspunkte der vorliegenden Anthologie

Die vorliegende Textauswahl nimmt das 1935 von Benjamin für das »Institut in Genf«[13] (B I, 654) angefertigte Exposé der »Passagen« zur Grundlage für eine Textcollage. Auch wenn Benjamins Beschäftigungen mit diesem Projekt bis ins Jahr 1927 (wenn nicht sogar noch weiter)[14] zurückreichen, so ist dies der erste belegte zusammenhängende Entwurf. Benjamin selbst führt Scholem gegenüber aus, dass »die Arbeit in ein neues Stadium eintrat, das erste, das sie – von fern – einem Buch annähert« (B I, 653). Mit diesem Exposé erhalten die »Passagen« resp. das *Passagen-Werk* zudem einen Titel:

> Endlich ist der Titel pariser Passagen verschwunden und der Entwurf heißt »Paris, die Hauptstadt des neunzehnten Jahrhunderts« und im stillen nenne ich ihn Paris, capitale du XIXe siècle. Damit ist eine weitere Analogie angedeutet: wie das Trauerspielbuch[15] das siebzehnte Jahrhundert von Deutschland aus, so würde dieses das neunzehnte von Frankreich aus aufrollen. (B I, 654.)

13 Gemeint ist das Institut für Sozialforschung, das damals zwischenzeitlich in Genf untergebracht war.

14 »Ich weiß nicht, wieviel Jahre meine Entwürfe, die einem Aufsatze für den Querschnitt galten, der nie geschrieben wurde, zurückliegen. Ich würde mich nicht wundern, wenn es die klassischen neun Jahre wären« (B I, 653).

15 Gemeint ist seine Habilitationsschrift *Ursprung des deutschen Trauerspiels* (GS I.1, 203–430).

Es folgen weitere Exposés, auch auf Französisch und Englisch, doch im Grunde steht mit diesem Exposé das, was man als Kern dessen bezeichnen mag, was Walter Benjamin in den letzten zwölf, wenn nicht gar 20 Jahren seines Lebens beschäftigt hat, nämlich die Entwicklung einer – mit Rolf Tiedemann gesprochen – »materiale[n] Geschichtsphilosophie« (GS V, 11). Benjamin selbst hat sein Streben in den Notizen zum *Passagen-Werk* so charakterisiert, dass im Einzelmoment der »Kristall des Totalgeschehens zu entdecken« ist (GS V.2, 575). Und so kann man wohl sagen, dass seine größeren Arbeiten um diesen Kerngedanken des *Passagen-Werks* herum aufgestellt sind, ja dass dieser Gedanke sogar in seinen früheren Schriften aufgezeigt werden könnte. Benjamin selber schreibt davon, dass das *Passagen-Werk* einen »Fluchtpunkt« seiner Arbeit darstellen: Die *Passagen*-Arbeit berühre »sich mit der großen Sache thematisch nur wenig, gibt aber für verschiedene ihrer Untersuchungen den Fluchtpunkt an.« (B I, 714.)

Ausgehend von dieser Annahme wurde das *Passagen-Werk* als ein Verzeichnis oder Index genutzt – für Gedanken, die sich in Benjamins Werk insgesamt auffinden lassen, die wiederkehrende Motive seines Schreibens und Denkens und seiner Methodologie darstellen. Die Chronologie der Gedanken wurde dabei hintangestellt bzw. es wurde von einer konzeptionellen Gleichzeitigkeit ausgegangen. Dabei liegt es natürlich auf der Hand, dass Benjamins Begriffe über den Zeitraum von über einem Jahrzehnt nicht statisch blieben.

Als eine Klammer und zugleich als Trittsteine wurde Benjamins wohl letzter und vielleicht bedeutsamster Text gesetzt, nämlich seine Thesen *Über den Begriff der Geschichte*. Man mag diese als »Vorwort« für das *Passagen-Werk* insgesamt lesen – oder als dessen Essenz.